초등 문해력 향상 프로그램
어휘편

어휘가 보여야 문해력이 자란다

문해력 잡는 초등 어휘력

B-5 단계

• 초등 3~4학년 •

초등교과서에 나오는 과목별 학습개념어 총망라

★ 문해력 183문제 수록! ★

아울북

문해력의 기본,
왜 초등 어휘력일까?

21세기 교육의 핵심은 문해력입니다. 국어 사전에 따르면, 문해력은 '문자로 된 기록을 읽고 거기 담긴 정보를 이해하는 능력'입니다. 여기에 더해 글을 비판적으로 읽고 자신만의 관점을 가지는 것 역시 문해력이지요. 그러기 위해서는 문장을 이루고 있는 어휘의 뜻을 정확히 알고, 해당 어휘가 글 속에서 어떤 역할을 하고 있는지 깨닫는 과정이 필요합니다.

초등학교 3~4학년 시절 아이들이 배우고 쓰는 어휘량은 7,000~10,000자 정도로 급격하게 늘어납니다. 그중 상당수가 한자어입니다. 그렇기에 학년이 올라가면서 교과서와 참고서, 권장 도서 들을 받아드는 아이들은 혼란스러워 합니다. 해는 태양으로, 바다는 해양으로, 세모는 삼각형으로, 셈은 연산으로 쓰는 경우가 부쩍 늘어납니다. 땅을 지형, 지층, 지상, 지면, 지각처럼 세세하게 나눠진 한자어들로 설명합니다. 분포나 소통, 생태처럼 알 듯 모를 듯한 어려운 단어들이 불쑥불쑥 등장하기 시작합니다.

우리말이니까 그냥 언젠가 이해할 수 있겠지 하며 무시하고 넘어갈 수는 없습니다. 초등학교 시절의 어휘력은 성인까지 이어지니까요. 10살 정도에 '상상하다'나 '귀중하다'와 같이 한자에서 유래한 기본적인 어휘의 습득이 마무리된다는 연구 결과를 내놓은 학자도 있습니다. 반대로 무작정 단어 뜻을 인터넷에서 검색하고 영어 단어를 외우듯이 달달 외우면 해결될까요? 당장 눈에 보이는 단어 뜻은 알 수 있지만 다른 문장, 다른 글 속에 등장한 비슷한 단어의 뜻을 유추하는 능력은 길러지지 않습니다. 문해력의 기초가 제대로 다져지지 않는다는 의미입니다.

결국 자신이 정확하게 알고 있는 단어를 통해 새로운 단어의 뜻을 짐작하며 어휘력을 확장시켜 가는 게 가장 좋습니다. 어휘력이 늘어나면 교과 개념을 정확하게 이해하고, 학습 내용도 빠르게 습득할 수 있지요. 선생님의 가르침이나 교과서 속 내용이 무슨 뜻인지 금방 알 수 있으니까요. 이 힘이 바로 문해력이 됩니다. 〈문해력 잡는 초등 어휘력〉은 어휘력 확장을 통해 문해력을 키우는 과정을 돕는 책입니다.

정춘수 기획위원

문해력 잡는 단계별 어휘 구성

〈문해력 잡는 초등 어휘력〉은 사용 빈도수가 높은 기본 어휘(씨글자)240개와 학습도구어와 교과내용어를 포함한 확장 어휘(씨낱말) 260개로 우리말 낱말 속에 담긴 단어의 다양한 뜻을 익히고 이를 통해 문해력을 키우는 프로그램입니다. 한자의 음과 뜻을 공유하는 낱말끼리 어휘 블록으로 엮어서 한자를 모르는 아이도 직관적으로 그 관계를 파악할 수 있습니다. 초등 기본 어휘와 어휘 관계, 학습도구어, 교과내용어 12,000개를 예비 단계부터 D단계까지 전 24단계로 구성해 미취학 아동부터 중학생까지 수준별 학습이 가능합니다. 어휘의 어원에 따라 자유롭게 어휘를 확장하며 다양한 문장을 구사하는 능력을 기르는 동안 문장 사이의 뜻을 파악하는 문해력은 자연스럽게 성장합니다.

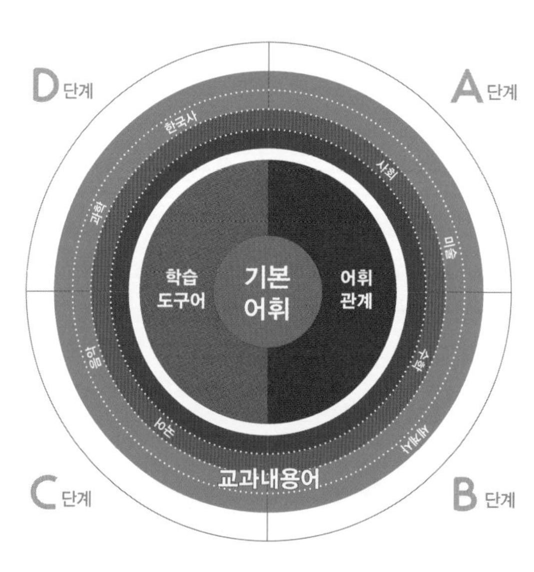

기본 어휘
초등 교과서 내 사용 빈도수가 높고, 일상적인 언어 활동에서 기본이 되는 어휘

어휘 관계
유의어, 반의어, 동음이의어, 도치어, 상하위어 등 어휘 사이의 관계

학습도구어
학습 개념을 이해하고 논리적으로 설명하는 과정에 쓰이는 도구 어휘

교과내용어
국어, 수학, 사회, 과학, 한국사, 예체능 등 각 교과별 학습 내용을 정확히 이해하는 데 필요한 개념 어휘

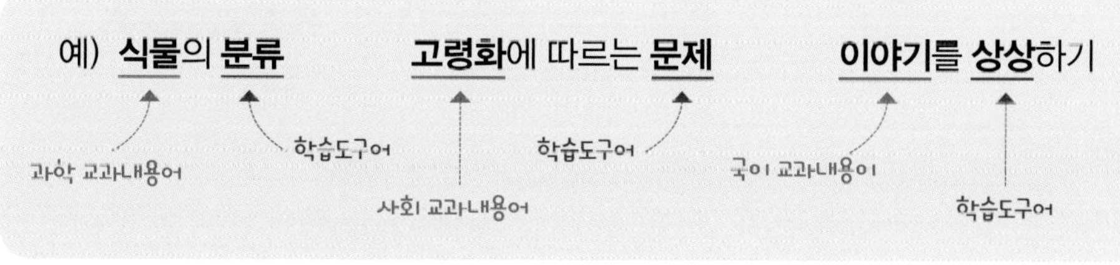

어휘력부터 문해력까지, 한 권으로 잡기

씨글자 | 기본 어휘

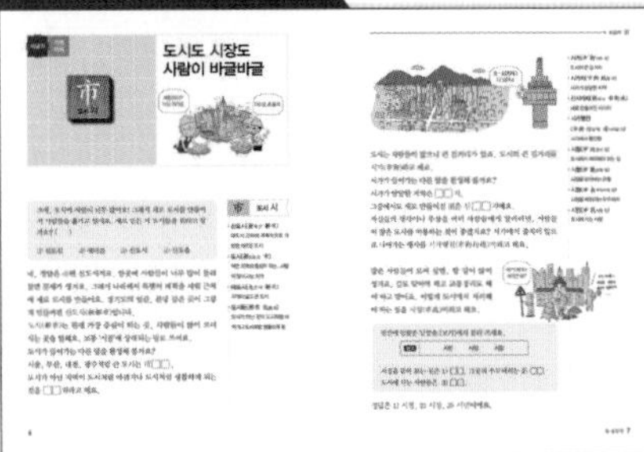

기본 어휘
하나의 씨글자를 중심으로 어휘를 확장해요.

낱말밭 | 어휘 관계

어휘 관계
유의어, 반의어, 전후 도치어 등의 어휘 관계를 통해 어휘 구조를 이해해요.

씨낱말 | 교과내용어

확장 어휘
둘 이상의 어휘 블록을 연결하여 씨낱말을 찾고 어휘를 확장해요.

어휘 퍼즐

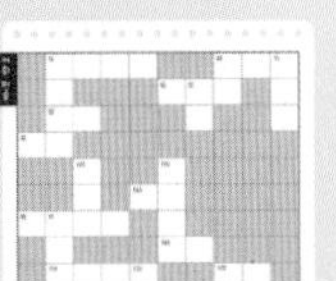

어휘 퍼즐
어휘 퍼즐을 풀며 익힌 어휘를 다시 한번 학습해요.

종합 문제

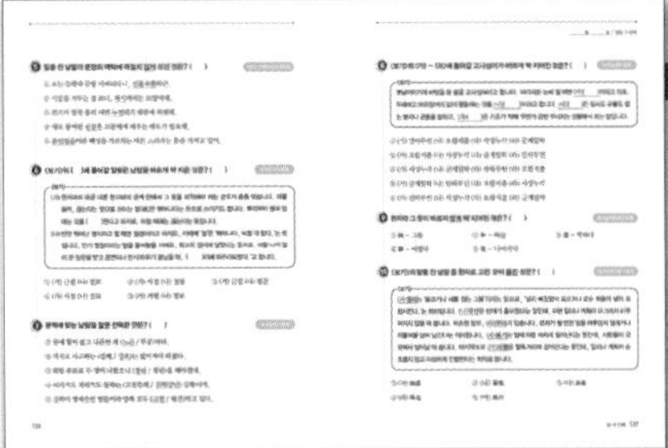

종합 문제
종합 문제를 풀며 어휘를 조합해 문장으로 넓히는 힘을 길러요.

문해력 문제

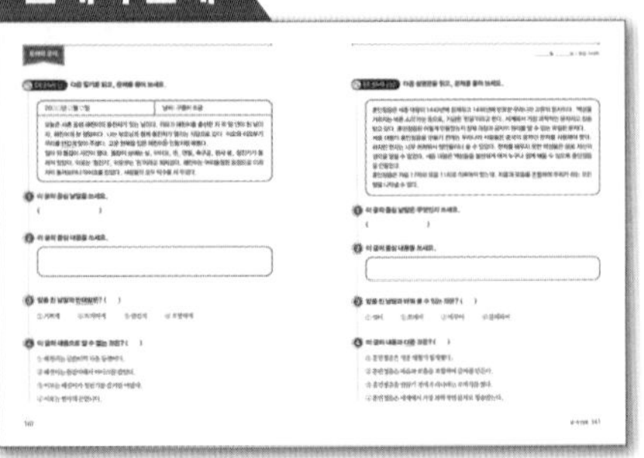

문해력 문제
여러 어휘로 이루어진 문장의 의미를 파악하고 글의 맥락을 읽어 내는 문해력을 키워요.

1장

도시도 시장도 사람이 바글바글

으아, 도시에 사람이 너무 많아요! 그래서 새로 도시를 만들어서 사람들을 옮기고 있어요. 새로 만든 저 도시들을 뭐라고 할까요? (　　)

① 신도림　② 새마을　③ 신도시　④ 신도읍

네, 정답은 ③번 신도시지요. 한곳에 사람들이 너무 많이 몰려 살면 문제가 생겨요. 그래서 나라에서 특별히 계획을 세워 근처에 새로 도시를 만들어요. 경기도의 일산, 분당 같은 곳이 그렇게 만들어진 신도시(新都市)입니다.

도시(都市)는 원래 가장 중심이 되는 곳, 사람들이 많이 모여 사는 곳을 말해요. 보통 '시골'에 상대되는 말로 쓰여요.

도시가 들어가는 다른 말을 완성해 볼까요?

서울, 부산, 대전, 광주처럼 큰 도시는 대□□,

도시가 아닌 지역이 도시처럼 바뀌거나 도시처럼 생활하게 되는 것을 □□화라고 해요.

市 도시 시

- **신도시**(新새 신 都市)
  대도시 근처에 계획적으로 개발한 새로운 도시
- **도시**(都도읍 도 市)
  어떤 지역의 중심이 되는, 사람이 많이 사는 지역
- **대도시**(大큰 대 都市)
  지역이 넓고 큰 도시
- **도시화**(都市 化될 화)
  도시가 아닌 곳이 도시처럼 바뀌거나 도시처럼 생활하게 됨

도시는 사람들이 많으니 큰 길거리가 있죠. 도시의 큰 길거리를 시가(市街)라고 해요.

시가가 들어가는 다른 말을 완성해 볼까요?

시가가 발달한 지역은 □□지,

그중에서도 새로 만들어진 곳은 신 □□지예요.

자신들의 생각이나 주장을 여러 사람들에게 알리려면, 사람들이 많은 도시를 이용하는 것이 좋겠지요? 시가에서 줄지어 앞으로 나아가는 행사를 시가행진(市街行進)이라고 해요.

많은 사람들이 모여 살면, 할 일이 많이 생겨요. 길도 닦아야 하고 교통정리도 해야 하고 말이죠. 이렇게 도시에서 처리해야 하는 일을 시정(市政)이라고 해요.

빈칸에 알맞은 낱말을 [보기]에서 골라 쓰세요.

보기	시민	시청	시장

시정을 맡아 보는 곳은 1) □□, 그곳의 우두머리는 2) □□,
도시에 사는 사람들은 3) □□.

정답은 1) 시청, 2) 시장, 3) 시민이에요.

시가(市 街거리 가)
도시의 큰 길거리

시가지(市街 地땅 지)
시가가 발달한 지역

신시가지(新새 신 市街地)
새로 만들어진 시가지

시가행진
(市街 行갈 행 進나아갈 진)
시가에서 행진함

시정(市 政정사 정)
도시에서 처리해야 하는 일

시청(市 廳관청 청)
시정을 맡아보는 관청

시장(市 長우두머리 장)
시정을 책임지는 우두머리

시민(市 民사람 민)
도시에 사는 사람

머리가 2개 달린 칫솔은 확실히 우리 주변에서 쉽게 구할 수 없겠군요. 여기서 시중(市中)은 '사람들이 많이 생활하고 있는 곳'을 말해요. 시(市)는 도시라는 뜻뿐 아니라 '사람들이 많은 곳'이라는 뜻으로도 쓰이거든요.

그래서 사람들이 많은 곳에서 본격적으로 판매를 시작하는 것을 시판(市販)이라고 해요.

다음 중 시중에서 거래되는 가격을 뜻하는 말은 무엇일까요? (   )

① 정가 ② 판매가 ③ 시가 ④ 할인가

네! ③ 시가(市價)지요.

이야, 머리가 2개 달린 칫솔이 인기가 많네요! 가게 문 앞에 사람들이 엄청나게 몰리는데요! 이렇게 찾아오는

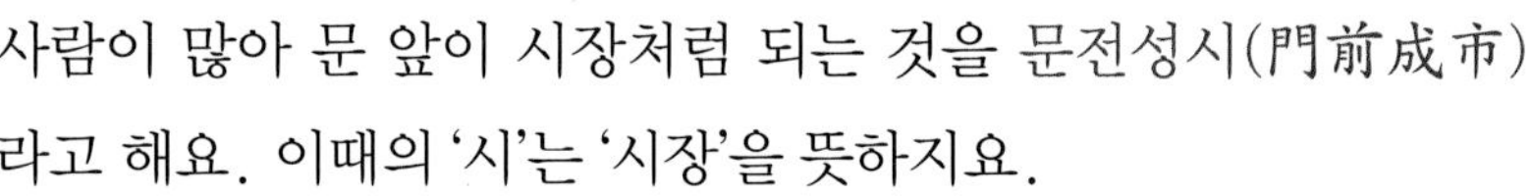

사람이 많아 문 앞이 시장처럼 되는 것을 문전성시(門前成市)라고 해요. 이때의 '시'는 '시장'을 뜻하지요.

市 시중 시

- **시중**(市 中 가운데 중)
  사람들이 많이 생활하고 있는 곳
- **시판**(市 販 팔 판)
  시중에서 본격적으로 판매함
- **시가**(市 價 값 가)
  시중에서 거래되는 가격

[시:가]와 [시:까]

앞 시가행진의 시가(市街)는 [시:가]라고 읽고, 여기서 배운 시가(市價)는 [시:까]라고 읽어요.

市 시장 시

- **문전성시**
  (門 문 문 前 앞 전 成 이룰 성 市)
  문 앞이 시장을 이룰 정도로 찾아오는 사람이 많음

시장이 생기고 → 사람들이 점점 모여 → 결국엔 **도시**가!

칫솔 가게가 시장이 되더니 결국 도시가 만들어졌군요!

시(市)는 원래 시장을 가리키는 말이었어요. 이것이 '사람들이 많은 곳'을 의미하게 되고, 다시 '도시'라는 뜻으로까지 발전한 것이죠.

시장에도 여러 종류가 있어요.

정기적으로 여는 시장은 정기 시장, 항상 열려 있는 시장은 상설 시장, 옛날부터 있어 온 시장은 재래시장이에요.

바다에 뜬 배 위에서 열리는 시장도 있어요! 파도 위에서 열리는 시장이라서 파시(波市)라고 해요. 고기잡이배와 운반선이 바다 위에서 바로 물고기를 사고파는 시장이랍니다.

참, 시장을 열어 장사를 시작하는 건 개시, 시장을 거두고 장사를 끝내는 것은 철시라고 한다는 것도 알아 두자고요.

시장(市 場마당 장)
상품을 사고파는 장소

정기 시장
(定정할 정 期때 기 市場)
일정한 기간마다 열리는 시장

상설 시장
(常항상 상 設세울 설 市場)
항상 열려 있는 시장

재래시장
(在있을 재 來올 래 市場)
옛날부터 있어 온 시장

파시(波물결 파 市)
파도 위에서 열리는 시장

개시(開열 개 市)
시장을 열어 장사를 시작함

철시(撤거둘 철 市)
시장을 거두고 장사를 끝냄

씨글자 블록 맞추기

신도시
도시
대도시
도시화
시가(市街)
시가지
신시가지
시가행진
시정
시청
시장

1 주어진 한자를 따라 쓰세요.

청, 민 — 문 전 성 — 市 (도시 시) — 장 — 개, 도

2 어떤 낱말에 대한 설명인지 쓰세요.

1) 지역이 넓고 큰 도시 → □□□

2) 시가에서 행진함 → □□□□

3) 시정을 책임지는 우두머리 → □□

4) 항상 열려 있는 시장 → □□ □□

5) 파도 위에서 열리는 시장 → □□

3 알맞은 낱말을 찾아 문장을 완성하세요.

1) 유명한 맛집은 점심시간마다 음식을 맛보려는 사람들로 □□ □□를 이루지.

2) 서울의 인구가 너무 많아서, 주변에 □□□를 만들었어.

3) 위조지폐가 □□에 돌아다닌다는 제보가 들어왔어.

4) 지금 안 사면 손해! □□보다 싸게 팝니다.

5) 대형 마트가 많이 생겨서 □□□□에 발길이 점점 줄고 있대.

4 문장에 어울리는 낱말을 골라 ○표 하세요.

1) 도시의 (시정 / 시청)을 맡아보는 관청은 (시정 / 시청)이야.

2) 항상 열려 있는 시장은(상설 시장 / 정기 시장), 일정한 기간마다 열리는 시장은 (상설 시장 / 정기 시장)이야.

3) 신기술을 접목한 스마트폰이 드디어 (시중 / 시판)됐어.

4) 바다 위에서 열리는 시장인 (철시 / 파시)는 다 좋은데 멀미가 나서 좀….

5) 도시에 사는 사람들을 (시민 / 시장)이라고 해.

5 그림을 보고, 알맞은 낱말을 쓰세요.

□□ □□□□

6 그림을 보고, 알맞은 낱말을 연결하세요.

1) 2) 3)

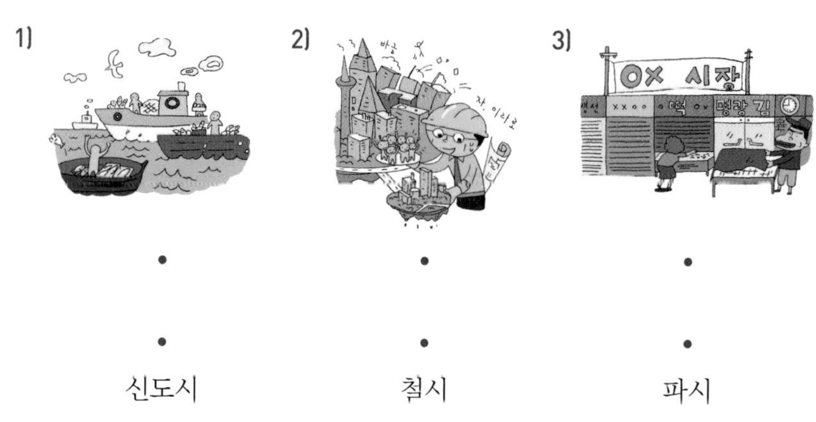

신도시 철시 파시

시민

시중

시판

시가(市價)

문전성시

시장

정기 시장

상설 시장

재래시장

파시

개시

철시

민호가 동생이 생겨서 무척 좋아하네요.

아기를 낳는 일을 무엇이라고 할까요? (　　)

① 출산　　② 아산　　③ 동산

정답은 ①번 출산(出産)이에요. 해산(解産)이라고도 하지요. 둘 다 아이를 낳는다는 말이에요.

민호 엄마처럼 아기를 낳은 사람은 산모(産母) 또는 산부(産婦)라고 해요. 임부는 아기를 밴 여자를 말해요. 임부와 산부, 이 둘을 합쳐서 임산부라고 하지요.

그럼 임산부와 여자들을 도와주는 병원의 이름은 무엇일까요? (　　)

① 임산부과　　② 산부인과　　③ 임상병리과

정답은 ②번 산부인과(産婦人科)이지요.

産 낳을 산

- **출산**(出날 출 産)
  아기를 낳음
- **해산**(解풀 해 産)
  아기를 낳음
- **산모**(産 母어머니 모)
  아기를 낳은 어머니
- **산부**(産 婦여자 부)
  아기를 낳은 여자
- **임부**(姙아이 밸 임 婦)
  아기를 밴 여자
- **임산부**(姙産婦)
  임부와 산부
- **산부인과**
  (産婦 人사람 인 科과목 과)
  임산부와 여자들의 병을 다루는 병원

산부인과 병원이 없었던 옛날에는 마을마다 아기를 받고, 산모를 도와주는 일을 하는 분들이 계셨어요.
이분들을 산파(産婆)라고 해요. '출산을 돕는 할머니'란 말이지요.
요즘은 무엇인가를 만들어 내는 데 중요한 역할을 하는 것을 '산파 역할을 하다'라고 빗대어 표현하기도 한답니다.

아하, 연어들이 알을 낳으러 상류로 가고 있군요! 물고기가 알을 낳는 것을 무엇이라고 할까요? (   )

① 출산 ② 산란 ③ 출란 ④ 난산

정답은 ③번 산란(産卵)이에요. 알을 낳는다는 말이지요.
물고기는 알을 낳는 기간이 정해져 있어요.
연어는 9월부터 11월까지가 산란을 하는 기간이에요. 이 기간을 산란기(産卵期)라고 하지요.

다음 빈칸을 채워 보세요.
물고기가 알을 낳을 수 있게 따로 만든 연못은 □□지,
개미가 알을 낳기 위해 만드는 방은 □□실.
빈칸에는 모두 '산란'이 들어가겠지요?

- **산파**(産 婆할머니 파)
  출산을 도와주는 할머니
- **산란**(産 卵알 란)
  알을 낳음
- **산란기**(産 卵 期기간 기)
  알을 낳는 기간
- **산란지**(産 卵 池연못 지)
  양어장 따위에, 물고기들이 알을 낳을 수 있도록 만들어 놓은 연못
- **산란실**(産 卵 室집 실)
  알을 낳기 위해 만드는 방

지구산? 아하, 소들이 모두 지구에서 태어났다는 말이군요.
장소를 나타내는 낱말 뒤에 붙은 산(産)은 난 곳, '만들어진 곳'을 뜻해요.
국내에서 만들어졌으면 국내산(國內産)이지요.
그럼 다음 빈칸을 채워 보세요.
호주에서 만들어졌으면 호주□,
제주도에서 만들어졌으면 제주도□.
우리가 생활하는 데 필요한 각종 물건을 만들어 내는 것을 생산(生産)이라고 해요. 만들어 낸 물건은 생산물이지요.
어떤 곳에서 생산되는 물건은 산물이라고 하고, 그곳에서 특별히 생산되는 것은 특산물이에요.

빈칸에는 모두 '생산'이 들어갑니다.

다음 빈칸을 채워 낱말을 완성해 볼까요?
생산한 사람은 □□자,
생산한 곳은 □□지.

産 만들 산

- **국내산**(國 나라 국 內 안 내 産)
  나라 안에서 만들어진 것
- **생산**(生 날 생 産)
  낳거나 만드는 것
- **생산물**(生産 物 물건 물)
  만들어 낸 물건
- **산물**(産物)
  어떤 곳에서 생산되는 물건
- **특산물**(特 특별할 특 産物)
  어떤 지역에서 특별히 생산되는 물건
- **생산자**(生産 者 사람 자)
  생산한 사람
- **생산지**(生産 地 땅 지)
  생산한 곳

産 재물 산

- **재산**(財 재물 재 産)
  가치 있는 것
- **부동산**(不 아닐 부 動 움직일 동 産)
  움직이지 못하는 재산
- **동산**(動産)
  움직일 수 있는 재산

이런 말도 있어요

재산(財産)이란 가지고 있는 돈이나 물건같이 '가치 있는 것'을 말해요. 부동산(不動産)은 땅처럼 움직여 옮기지 못하는 재산, 동산(動産)은 돈이나 게임기처럼 움직여 옮길 수 있는 재산이에요. 이때 산(産)은 '재물'을 뜻하지요.

산업(産業)이란 '생산에 관련된 일'을 말해요. 자연에 있는 물건에 사람의 힘을 더해서 무언가 새롭고 가치 있는 물건을 만드는 일이죠. 여러 산업 분야에서 만들어진 물건들은 그 산업 이름에 산물(産物)을 붙여 나타내요. 공업으로 만든 물건은 공산물, 농업 쪽에서 생산된 것은 농산물, 이렇게요.

다음 설명에 알맞은 낱말을 이어 보세요.

1) 광산에서 생산되는 물건 •		• 수산물
2) 바다, 강 등의 물에서 나는 물건 •		• 광산물
3) 가축이나 가축의 가공품 •		• 축산물

정답은 1) 광산물, 2) 수산물, 3) 축산물이에요.

산업을 생긴 시기에 따라 나눌 수도 있어요. 산업 중에는 오래전부터 해 오던 전통 산업(傳統 産業)과 가까운 시기에 새로 생긴 근대 산업(近代産業)이 있어요.

産 만들 산

- **산업**(産 業일 업)
  생산에 관련된 일
- **공산물**(工공업 공 産物)
  공업으로 만든 물건
- **농산물**(農농사 농 産物)
  농업에 의해 생산된 물건
- **광산물**(鑛광산 광 産物)
  광산에서 생산되는 물건
- **수산물**(水물 수 産物)
  바다나 강 등 물에서 나는 물건
- **축산물**(畜가축 축 産物)
  가축이나 가축의 가공품
- **전통 산업**
  (傳전할 전 統이을 통 産業)
  한 지역에서 오래전부터 해 오던 산업
- **근대 산업**
  (近가까울 근 代시대 대 産業)
  근대에 생겨난 산업

씨글자
블록 맞추기

출산
해산
산모
산부
임부
임산부
산부인과
산파
산란
산란기
산란지
산란실
국내산
생산
생산물

1 주어진 한자를 따라 쓰세요.

2 어떤 낱말에 대한 설명인지 쓰세요.

1) 나라 안에서 만들어진 것 → □□□
2) 한 지역에서 오래전부터 해 오던 산업 → □□ □□
3) 알을 낳음 → □□
4) 아기를 낳음 → □□
5) 어떤 지역에서 특별히 생산되는 물건 → □□□

3 알맞은 낱말을 찾아 문장을 완성하세요.

1) 역시 쇠고기는 □□□이 맛있어.
2) 녹차는 보성의 □□□이야.
3) 어시장에 가면 갓 잡은 싱싱한 □□□을 싸게 살 수 있대.
4) 담임 선생님이 아기를 □□하셔서 당분간 학교에 못 나오신대.
5) 올해는 사과의 □□량이 늘었어.

4 **문장에 어울리는 낱말을 골라 ○표 하세요.**

1) 연어는 (산란기 / 산란지)가 되면 (산란기 / 산란지)를 찾아 강물을 거슬러 올라가.

2) (산부인과 / 산파)가 없던 시절에는 출산을 돕던 (산부인과 / 산파)가 있었어.

3) 다이아몬드, 루비 같은 보석은 모두 (농산물 / 광산물)이야.

4) 가지고 있는 돈이나 물건같이 '가치 있는 것'을 (재산 / 생산)이라고 해.

5) 땅이나 건물처럼 움직여 옮기지 못하는 재산을 (동산 / 부동산)이라고 해.

5 **그림을 보고, 공통으로 들어갈 낱말을 쓰세요.**

□

6 **그림을 보고, 알맞은 낱말을 연결하세요.**

1) 2) 3)

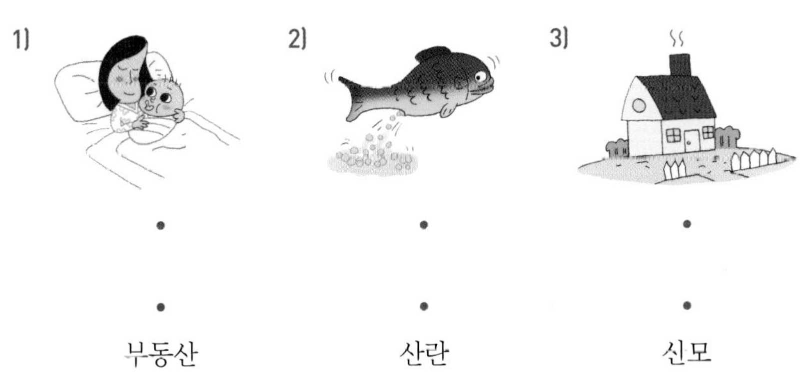

• • •

• • •

부동산 산란 신모

산물 / 특산물 / 생산자 / 생산지 / 재산 / 부동산 / 동산 / 산업 / 공산물 / 농산물 / 광산물 / 수산물 / 축산물 / 전통 산업 / 근대 산업

마음은 이미 외출 중

너무 추운 날에 바깥에 나가면 위험하죠. 외출(外出)은 바깥에 나가는 것을 말해요.
출(出)은 싹이 땅 위로 돋아나는 모습을 본떠 만든 글자라서 '나다, 나가다'란 뜻을 가지고 있어요.

다음 빈칸을 채워 보세요.
나가서 떠나는 건 □발,
나라 밖으로 나가는 건 □국,
배가 항구를 떠나는 것은 □항,
매일 일하러 나가는 것은 □근.
지하철역에는 들어가는 곳과 나가는 곳이 따로 있습니다.
들어가는 곳은 입구,
나가는 곳은 출구입니다.
출구와 입구를 합쳐서 출입구라고 한답니다. 나가거나 들어오는 문이죠.

와~ 밖으로 나왔네!

出 나갈 출

- **외출**(外 바깥 외 出)
  바깥에 나감
- **출발**(出 發 떠날 발)
  나가서 떠남
- **출국**(出 國 나라 국)
  나라 밖으로 나감
- **출항**(出 港 항구 항)
  배가 항구를 떠남
- **출근**(出 勤 일할 근)
  일하러 나감
- **출입구**
  (出 入 들 입 口 통로 구)
  나가거나 들어오는 어귀나 문

옛날 사람들이 쓰던 물건이 땅속에 묻혀 있는 경우가 많아요. 특히 무덤에서 많이 나오죠. 옛날에는 무덤을 만들 때, 죽은 사람이 쓰던 물건을 함께 묻기도 했거든요. 이런 물건을 밖으로 꺼내면 출토(出土)되었다고 하고, 꺼낸 물건을 출토품이라고 해요.

와, 아기가 태어났어요. 한 달 전에는 없었는데! 엄마 배 속에 있다가 바깥으로 나온 거겠죠? 그래서 출(出)은 '태어나다'라는 뜻도 가지고 있어요.

빈칸을 채워 볼까요?
엄마가 아기를 낳는 건 □산,
아기가 세상에 나오는 건 □생이에요.
어떤 사람이 어디에서 왔는지 궁금할 때, '너는 어디 출신이니?' 하고 물어요.
출신(出身)은 몸이 나온 곳이란 뜻이니까 태어난 곳, 졸업한 학교, 거쳐 온 단체 등을 일컫는 말이랍니다.

出 나올 출

- **출토**(出 土흙 토)
  땅속에 묻혀 있던 물건이 밖으로 나옴
- **출토품**(出 土 品물건 품)
  출토된 물건

出 태어날 출

- **출산**(出 産낳을 산)
  아기를 낳음
- **출생**(出 生날 생)
  아기가 세상에 나옴
- **출신**(出 身몸 신)
  자신이 태어나거나 거쳐 온 곳

出 내보낼 출

- **출하**(出 荷화물 하)
  공장, 농장에서 생산된 물건을 내보냄
- **출력**(出 力힘 력)
  프린터가 인쇄한 것을 내보냄

우아! 기계에서 물건이 막 나오지요? 물건은 기계에서 나오는 것이지만, 기계는 물건을 내보내는 거라고 할 수 있겠죠? 자기 스스로 가는 건 '나가다'지만, 남이나 다른 힘에 의해서 나가게 되는 건 '내보내다'라고 해요. 출(出)은 '내보내다'라는 뜻으로도 쓰여요.

다음 설명과 낱말을 올바르게 연결해 보세요.

1) 프린터가 인쇄한 것을 내보냄 • • 출하
2) 공장, 농장에서 생산된 물건을 내보냄 • • 출력

정답은 1) 출력, 2) 출하입니다.
풀처럼 저절로 자라는 건 '나다'라고 하지만, 누군가가 만들어서 생기게 하는 것은 '내다'라고 해요.

出 낼 출

- **출제**(出 題문제 제)
  문제를 냄
- **기출**(旣이미 기 出)
  이미 출제됨
- **제출**(提낼 제 出)
  내는 것
- **출품**(出 品작품 품)
  작품을 냄

다음 빈칸을 채워 보세요.
선생님이 문제를 내는 것은 □제,
예전에 이미 냈던 건 기□ 문제이지요.
문제를 다 풀고 시험지나 답안지를 내는 것은 제출이라고 하지요. 백일장에서 멋진 시(詩)를 내는 것도 제출한다고 해요.

대회나 전시회 등에 작품을 내는 것은 출품(出品)이라고 해요.

出	나타날 출

- **출현**(出 現나타날 현)
  나타남
- **출몰**(出 沒사라질 몰)
  나타났다 사라졌다 함
- **신출귀몰**
  (神귀신 신 出 鬼귀신 귀 沒)
  귀신처럼 나타났다가 사라짐
- **출연**(出 演연기할 연)
  말이나 몸짓 등을 보여 주기 위해 나타남

귀신이 출현했어요. 이때 출(出)은 '나타나다'라는 뜻이에요. 출현도 '나타나다'란 의미죠. 사라지는 것은 몰(沒)이에요. 나타났다 사라지는 것을 출몰(出沒)한다고 하지요. 만약 어떤 사람이 귀신처럼 금방 나타났다가 금방 또 사라지면 신출귀몰(神出鬼沒)하다고 해요.

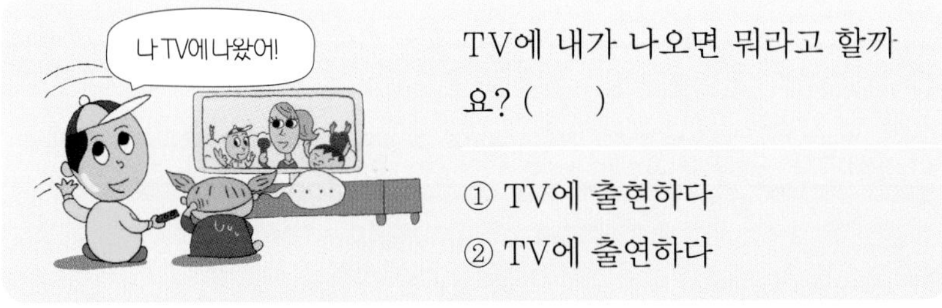

TV에 내가 나오면 뭐라고 할까요? (   )

① TV에 출현하다
② TV에 출연하다

정답은 ② TV에 출연하다. 말이나 행동 등을 보여 주기 위해 TV 등에 나가는 것은 출연한다고 해요.

씨글자
블록 맞추기

외출
출발
출국
출항
출근
출입구
출토
출토품
출산
출생

❶ 주어진 한자를 따라 쓰세요.

입 구
근
발
出
날 출
제
외
신 귀 몰

❷ 어떤 낱말에 대한 설명인지 쓰세요.

1) 배가 항구를 떠남 → □□
2) 아기가 세상에 나옴 → □□
3) 화물을 내보냄 → □□
4) 나타났다 사라졌다 함 → □□□□
5) 나가서 떠남 → □□

❸ 알맞은 낱말을 찾아 문장을 완성하세요.

1) 우리 아버지와 어머니는 매일 아침 회사에 □□ 하셔.
2) 아파트 건설 현장에서 고려청자가 □□ 됐대.
3) 아기가 태어나면 □□ 신고를 해.
4) 숙제는 내일까지 □□ 하세요.
5) 시험 문제 □□ 중! 교무실에 들어오지 마세요.

출신
출하
출력
출제
기출
제출
출품
출현
출몰
신출귀몰
출연

4 문장에 어울리는 낱말을 골라 ○표 하세요.

1) 미술 대회에 (출몰 / 출품)할 그림을 그리고 있어.

2) 내일 영화를 보러 시내로 (외출 / 출연)하기로 했어.

3) 시험 공부를 할 때는 작년에 나왔던 (출제 / 기출) 문제를 살펴보면 좋아.

4) 학교 화장실에 귀신이 (출연 / 출현)했어.

5 그림을 보고, 알맞은 낱말을 쓰세요.

□□ □□□□

6 그림을 보고, 알맞은 낱말을 연결하세요.

1) 2) 3)

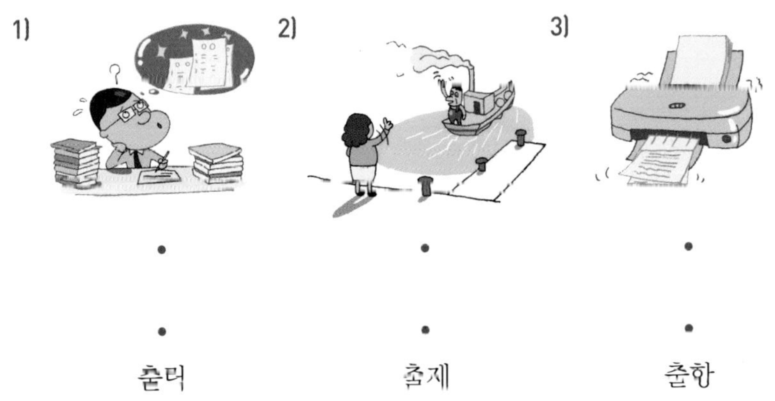

출력 출제 출하

새로 닦은 신작로, 새로 만든 신도시

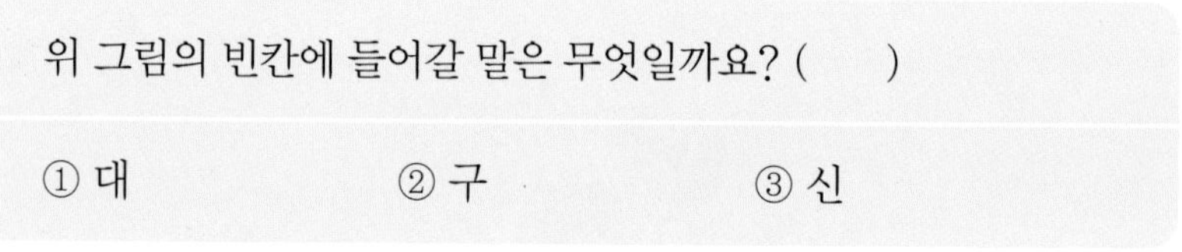

위 그림의 빈칸에 들어갈 말은 무엇일까요? (   )

① 대   ② 구   ③ 신

정답은 ③ '신'이죠. 없던 것을 새로이 만들어 낼 때 우리는 신(新)이라는 글자를 붙여요.

새로 만든 길은 신작로예요. 건물을 새로 짓는 것은 신축이라고 하지요. 새로 만든 신도시에 있는 것은 모두 새로운 것이군요.

그 밖에 새로 생기는 것들로는 무엇이 있을까요?

새로 태어난 아이는 □생아, 새로 만들어 발표한 노래는 □곡, 연예계, 체육계 등에 새로 등장한 사람은 □인!

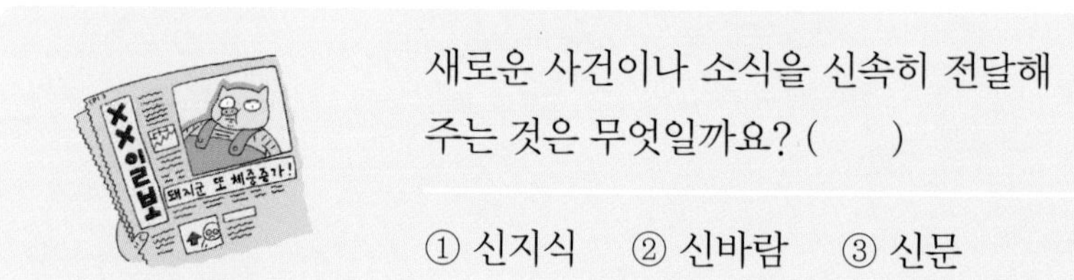

새로운 사건이나 소식을 신속히 전달해 주는 것은 무엇일까요? (   )

① 신지식   ② 신바람   ③ 신문

정답은 ③ 신문이에요.

新 새로울 신

- **신작로**(新 作만들 작 路길 로)
  새로 만든 길
- **신축**(新 築쌓을 축)
  건물을 새로 짓는 것
- **신도시**(新 都도읍 도 市도시 시)
  새로 만든 도시
- **신생아**(新 生날 생 兒아이 아)
  새로 태어난 아이
- **신곡**(新 曲노래 곡)
  새로 만들어 발표한 노래
- **신인**(新 人사람 인)
  연예계, 체육계 등에 새로 등장한 사람
- **신문**(新 聞들을 문)
  새로운 소식을 신속히 전달해 주는 정기 간행물

느좋? 낄끼빠빠? 돼지 군의 말을 아빠가 알아듣지 못하네요. 돼지 군이 새로 만들어진 말, 즉 신조어를 쓰기 때문이겠죠? 이러한 인터넷 신조어를 너무 많이 사용하면, 다른 사람과 대화할 때 불편할 수 있어요.

다음 빈칸을 채워 낱말을 완성해 보세요.
새로 발명한 약은 □약,
새로 만든 제품은 □제품,
갓 결혼하거나 새로 결혼한 것은 □혼.

오른쪽 그림을 보세요. 갓 결혼한 부부네요. 남자는 신랑, 여자는 신부라고 하죠? 신랑은 '새'를 붙여서 새신랑이라고도 해요. 그러나 신부는 새신부라고 하지 않고 새색시라고 해요. 신혼부부가 되었으니 이제 곧 여행을 떠나겠지요? 결혼을 기념해 떠나는 여행을 신혼여행이라고 해요.

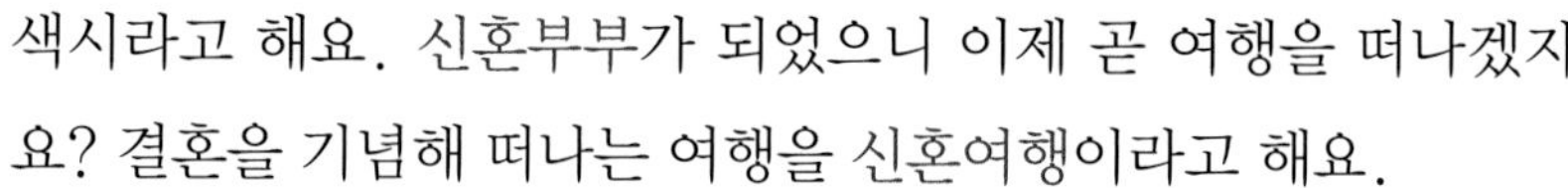

갓 결혼한 신랑, 신부가 새로이 가정을 꾸려 시작하는 살림을 뜻하는 말이 있어요. 다음 중 무엇일까요? (　　)

① 신부살림　　② 신랑살림　　③ 신접살림

정답은 ③ 신접살림입니다. 신혼살림이라고도 해요.

- **신조어**(新 造만들 조 語말 어)
  새로 만들어진 말
- **신약**(新 藥약 약)
  새로 발명한 약
- **신제품**
  (新 製만들 제 品물건 품)
  새로 만든 제품
- **신혼**(新 婚결혼 혼)
  갓 결혼하거나 새로 결혼함
- **신랑**(新 郞사내 랑)
  갓 결혼하였거나 결혼하는 남자
- **신부**(新 婦아내 부)
  갓 결혼하였거나 결혼하는 여자
- **신혼부부**
  (新婚 夫남편 부 婦아내 부)
  갓 결혼한 부부
- **신혼여행**
  (新婚 旅여행할 여 行갈 행)
  신혼부부가 결혼을 기념해 떠나는 여행
- **신접**(新 接사귈 접)**살림**
  신혼부부가 새로이 가정을 꾸려 시작하는 살림 = 신혼살림

저런, 새롭게 한다는 게 새것을 사라는 뜻은 아닌데 말이에요. 일신우일신(日新又日新)은 하루를 새롭게 하고 또 하루를 새롭게 한다, 즉 날마다 새로워지라는 뜻이지요. 여기서 신(新)은 무언가를 새롭게 바꾼다는 뜻이에요.

빈칸을 채워 낱말을 완성해 보세요.

나쁜 것, 묵은 것을 새롭게 바꾸는 것은 쇄□,

낡은 규칙이나 방법 등을 새롭게 크게 고치는 것은 혁□.

토끼의 100m 기록은 17초였는데, 이번에 새로 재었더니 16초가 되었어요. 이렇게 예전의 기록을 깨뜨리는 것을 무엇이라고 할까요? (　　)

① 기록 생성　　② 기록 갱신　　③ 기록 경신

정답은 ③ 기록 경신이에요. 경신과 갱신은 이미 있던 것을 고쳐 새롭게 한다는 점에서는 같아요. 하지만 새로운 기록을 세울 때는 경신, 이미 있는 계약의 내용을 바꾸거나 기간을 새로 연장하는 것은 갱신이라고 해요.

우리가 밥을 먹고 에너지를 만들고, 필요하지 않은 건 몸 밖으로 내보내는 일도 무엇인가를 새롭게 바꾸는 활동이에요. 그 과정에서 새로운 것이 들어오고 묵은 것이 물러난다고 해서 이것을 신진대사라고 해요.

新 새로 바꿀 신

- **일신우일신**
(日날 일 新 又또 우 日新)
하루를 새롭게 하고 또 하루를 새롭게 함
- **쇄신**(刷쓸고 닦을 쇄 新)
나쁜 것, 묵은 것을 새롭게 바꿈
- **혁신**(革고칠 혁 新)
낡은 규칙이나 방법 등을 새롭고 크게 고침
- **경신**(更고칠 경 新)
이미 있던 것을 고쳐 새롭게 함 또는 예전의 기록을 깨뜨림
- **갱신**(更다시 갱 新)
이미 있는 계약의 내용을 바꾸거나 기간을 새로 연장하는 것
- **신진대사**(新 陳묵을 진 代대신할 대 謝물러날 사)
새로운 것이 들어와 대신하고 묵은 것이 물러남, 생물체가 영양을 섭취해 에너지를 만들고 필요하지 않은 물질을 몸 밖으로 내보내는 활동

석기 시대에 새로이 등장한 '간석기'를 신석기, 예전부터 사용하던 '뗀석기'는 구석기라고 불러요. 새로운 것에 비하면, 예전 것은 오래된 것이지요? 그래서 신(新) 대신 오래되었다는 뜻의 '구'를 붙여요.

다음 빈칸에 '신'과 '구'를 알맞게 넣어 보세요.
새로 만든 법은 □법, 오래된 법은 □법.
새로운 세대는 □세대, 오래된 세대는 □세대.

새 신(新)과 옛 고(古)가 짝 지어지기도 해요.
다음 빈칸에 '신'과 '고'를 알맞게 넣어 보세요.
새로 참여한 사람은 □참, 예전부터 참여한 사람은 □참.
최근의 지각 변동으로 땅의 성질이 만들어진 때는 □생대,
옛날의 지각 변동으로 땅의 성질이 생긴 때는 □생대라고 해요.

新 새로울 신

- **신석기**(新 石돌 석 器그릇 기)
  새로이 등장한 돌 도구
- **구석기**(舊오랠 구 石器)
  신석기 이전의 오래된 돌 도구
- **신법**(新 法법 법)
  새로 만든 법
- **구법**(舊法)
  오래된 법
- **신세대**
  (新 世세대 세 代시대 대)
  새로운 세대
- **구세대**(舊世代)
  오래된 세대
- **신참**(新 參참여할 참)
  새로 참여한 사람
- **고참**(古옛 고 參)
  옛날부터 참여해 온 사람
- **신생대**(新 生날 생 代)
  최근의 지각 변동으로 땅의 성질이 만들어진 때
- **고생대**(古生代)
  옛날의 지각 변동으로 땅의 성질이 생긴 때

씨글자 블록 맞추기

신작로

신축

신도시

신생아

신곡

신인

신문

신조어

신약

신제품

신혼

신랑

신부

신혼부부

신혼여행

신접살림

① 주어진 한자를 따라 쓰세요.

석 기

문

축

新

새 신

혁

쇄

진 대 사

② 어떤 낱말에 대한 설명인지 쓰세요.

1) 새로 만들어진 말 → □□□
2) 갓 결혼한 부부 → □□□□
3) 새로운, 소식을 신속히 전달해 주는 정기 간행물 → □□
4) 하루를 새롭게 하고 또 하루를 새롭게 함 → □□□□□
5) 낡은 규칙이나 방법 등을 새롭고 크게 고침 → □□

③ 알맞은 낱말을 찾아 문장을 완성하세요.

1) 오늘 아침 □□에 어린이 도서관이 생긴다는 기사가 나왔어.
2) 유명 가수가 이번에 발표한 □□은 큰 인기를 얻었어.
3) 저 병원은 건물 □□ 공사 중이라 잠시 쉰대.
4) 우리나라 육상 선수가 올림픽에서 100미터 기록을 □□했어.
5) 연예계에 무서운 □□이 등장했어. 연기면 연기, 노래면 노래 못 하는 게 없대.

4 문장에 어울리는 낱말을 골라 ○표 하세요.

1) 인터넷 (신조어 / 신진대사)를 너무 많이 사용하면, 다른 사람과 대화할 때 불편할 수 있어.

2) 이번에 새로 개발한 샴푸 (신제품 / 신법)이 불티나게 팔려 나간대.

3) 이번 결혼식의 (신혼여행 / 신부)이(가) 참 아름답더라.

4) 학생들의 인권을 보호하기 위한 (신법 / 구법)을 제정해야 해.

5) 새로운 세대는 (구세대 / 신세대), 오래된 세대는 (구세대 / 신세대)라고 해.

5 그림을 보고, 알맞은 낱말을 쓰세요.

□□□□□

6 그림을 보고, 알맞은 낱말을 쓰세요.

요즘 □□□□ 이(가) 활발한가 봐. 화장실에 자주 오네.

일신우일신
쇄신
혁신
경신
갱신
신진대사
신석기
구석기
신법
구법
신세대
구세대
신참
고참
신생대
고생대

전지 속에 숨어 있는 전기

위 그림의 빈칸에 들어갈 말은 무엇일까요? (　　)

① 전　　② 기　　③ 선　　④ 구

정답은 ①번이죠. 빈칸에는 번개 전(電)이 들어가요.
정전(停電)은 전기가 멈추는 것이에요. 전기가 들어오지 않아 불을 켤 수 없지요. 어? 그런데 왜 전기 전(電)이 아니라 번개 전(電)일까요?
전기(電氣)는 번개가 칠 때 생기는 힘과 같은 것이기 때문이지요. 그래서 번개 전(電)은 전기 전(電)이기도 해요.

電 번개, 전기 **전**

- **정전**(停멈출 정 電)
전기가 멈춤
- **전기**(電 氣힘 기)
번개의 힘과 같은 에너지의 한 형태

전광석화(電光石火)에서 '전광'은 번갯불이고 '석화'는 불을 켜는 돌, 부싯돌을 말해요. 그래서 전광석화는 번개나 부싯돌의 불처럼 '아주 빠르다'라는 뜻으로 쓰여요.

엄마가 밥을 하는 동안, 방 안의 전기 제품을 한번 찾아볼까요? 빈칸을 채워 이름을 완성해 주세요.

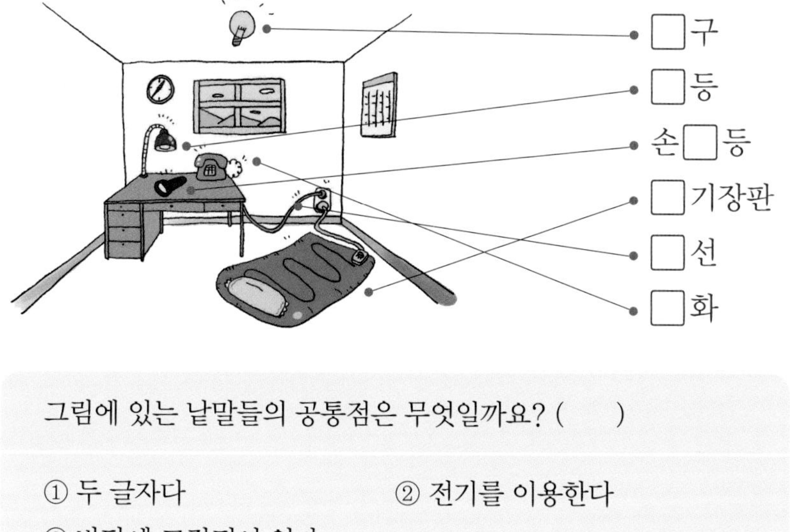

그림에 있는 낱말들의 공통점은 무엇일까요? (　　)

① 두 글자다　　② 전기를 이용한다

③ 바닥에 고정되어 있다

정답은 ②예요. 모두 전기를 이용한 물건들이죠.

전기를 이용하는 물건에는 또 무엇이 있을까요?

전기를 이용한 물건을 모두 합하여 전기 제품 또는 전자 제품이라고 해요. 그중에서 가정에서 쓰는 전기 제품은 가전 제품, 전자 제품을 파는 곳은 전자 상가라고 해요.

전광석화
(電 光빛 광 石돌 석 火불 화)
번갯불과 부싯돌의 불처럼 아주 빠름

전구(電 球둥글 구)
빛을 내는 둥근 모양의 전기 장치

전등(電 燈등불 등)
전기로 밝히는 등불

손전등(電燈)
가지고 다닐 수 있는 작은 전등

전기장판(電 氣기운 기 壯단단할 장 版널 판)
전기로 바닥을 데우는 장판

전선(電 線줄 선)
전기가 다니는 선

전화(電 話말할 화)
전기를 이용해 대화하는 도구

전차(電 車수레 차)
전기로 움직이는 차

전철(電 鐵쇠 철)
전기 철도

전자 우편(電 子알갱이 자 郵우편 우 便소식 편)
전자 신호로 보내는 우편

가전 제품
(家집 가 電 製만들 제 品물건 품)
가정에서 쓰는 전기 제품

전자 상가
(電子 商장사 상 街거리 가)
전자 제품을 판매하는 상점들의 거리

- **충전**(充 채울 충 電)
  전기를 채움
- **발전**(發 일으킬 전 電)
  전기를 일으킴
- **발전기**(發電 機 기계 기)
  전기를 일으키는 기계
- **발전소**(發電 所 장소 소)
  전기를 일으키는 장소
- **전신주**
  (電 信 신호 신 柱 기둥 주)
  전선 등을 늘여 매기 위해 세운 기둥 = 전봇대

전신과 전보

옛날엔 이메일 대신 전신(電信)을 보냈어요. 간단한 내용을 전기 신호로 바꾸어 보낸 거죠. 전신은 전보(電 報 알릴 보)라고도 해요. 전기로 알리는 소식이란 뜻이죠.

위 기계로 무엇을 하고 있는 것일까요? (　　)

① 충전　　② 전광석화　　③ 발전　　④ 노동

① 충전? 흐음. 충전(充電)은 전기를 채운다는 말이에요. 휴대전화 배터리가 다 소모되면 충전해서 쓰잖아요.
정답은 ③ 발전이에요. 발전(發電)은 그림처럼 무언가를 이용해 전기를 일으키는 것을 말해요.

전기를 일으키는 기계는 발전기입니다. 그러면 전기를 일으키는 장소는 무엇이라고 할까요? 발전□

네, 맞아요. 발전소예요!
태양열을 이용하면 태양열 발전소,
물의 힘을 이용하면 수력 발전소,
원자력을 이용하면 원자력 발전소,
바람의 힘을 이용하면 풍력 발전소라고 하지요.
발전소에서는 전기가 다른 곳으로 도망가지 못하도록 전선(電線)에 가두어 우리에게 보내 줘요.
길고 긴 전선을 받쳐 주는 것은 전신주(電信柱)이지요.
전신주는 다른 말로 전봇대라고도 해요.

우리 집의 사정으로 우리 집만 정전이 될 수도 있어요. 어떻게 하냐고요?

집집마다 전기의 흐름, 즉 전류(電流)를 다스리는 두꺼비집이 있는데, 이걸 내리면 온 집 안의 전류가 흐르지 않아요.

두꺼비집은 전기 안전장치예요. 전류가 많이 흘러 위험해지면, 자동으로 우리 집 전기를 끊어 안전을 지켜 주지요. 일부러 내리면 안 돼요.

두꺼비집? × → ○

전기가 잘못 흘러나오는 것을 누전(漏電)이라고 해요. 전기가 샌다는 뜻이죠. 누전이 되면 불이 날 수 있어요. 특히 오래된 건물은 누전으로 인한 화재가 많이 일어나요.

그리고 몸으로 찌릿한 전기를 느끼는 것은 감전(感電)이라고 해요. 전기 제품을 잘못 만져서 심하게 감전되면 죽음에 이르기도 해요.

■ **전류**(電 流흐를 류)
전기의 흐름

■ **두꺼비집**
일정 크기 이상의 전류가 흐르면 전기를 끊는 안전장치

■ **누전**(漏샐 누 電)
전기가 새는 것

■ **감전**(感느낄 감 電)
전기가 몸에 닿아 충격을 느낌

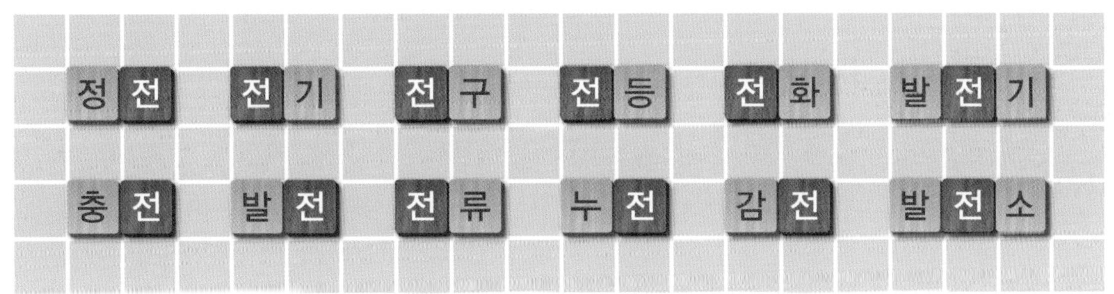

- 정전
- 전기
- 전광석화
- 전구
- 전등
- 손전등
- 전기장판
- 전선
- 전화
- 전차
- 전철
- 전자 우편

1 주어진 한자를 따라 쓰세요.

신 주
기
철
電
전기 전
정
감
발

2 어떤 낱말에 대한 설명인지 쓰세요.

1) 빛을 내는 둥근 모양의 전기 장치 → □□
2) 전기를 일으키는 기계 → □□□
3) 전기가 새는 것 → □□
4) 전자 제품을 판매하는 상점들의 거리 → □□ □□
5) 일정 크기 이상의 전류가 흐르면 전기를 끊는 안전장치
→ □□□□

3 알맞은 낱말을 찾아 문장을 완성하세요.

1) 태풍이 몰려오더니 갑자기 온 도시가 □□이 되어 어둠에 잠겼어.
2) 휴대 전화 배터리를 다 썼어. 빨리 □□해야겠어.
3) 수력 □□□에서는 물을 이용해 전기를 만들어.
4) 영화에서 배우가 □□□□같이 빠른 몸놀림을 보였어.
5) 물 묻은 손으로 전기 콘센트를 만지면 안 돼. □□될 수 있거든.

가전 제품
전자 상가
충전
발전
발전기
발전소
전신주
전봇대
전신
전보
전류
두꺼비집
누전
감전

4 **문장에 어울리는 낱말을 골라 ○표 하세요.**

1) (충전기 / 발전기)로 전기를 만들어.

2) (전신주 / 전선)에 전깃줄을 고정시켜 전기를 멀리 보내.

3) (발전 / 감전)되면 다치거나 목숨을 잃을 수 있으니 조심해야 해.

4) 뉴스에서, 영등포 시장 화재는 (정전 / 누전)으로 인한 것이라고 했어.

5) 전기를 이용한 (가전 제품 / 전자 상가)은(는) 생활을 편리하게 만들어 주지.

5 **그림을 보고, 공통으로 들어갈 낱말을 쓰세요.**

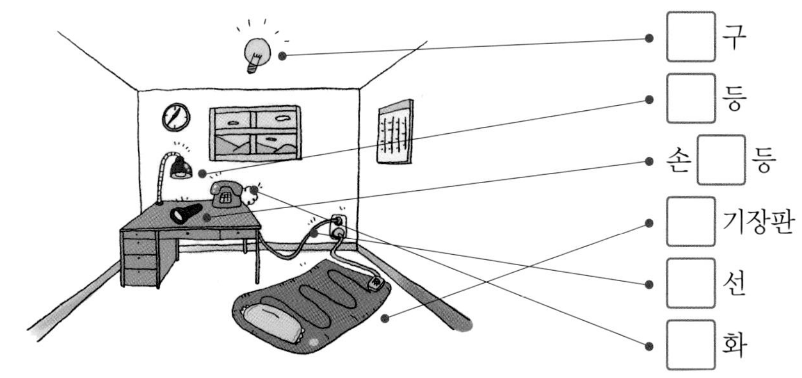

6 **사다리를 타고 내려갔을 때 내용이 맞으면 ○, 틀리면 ×하세요.**

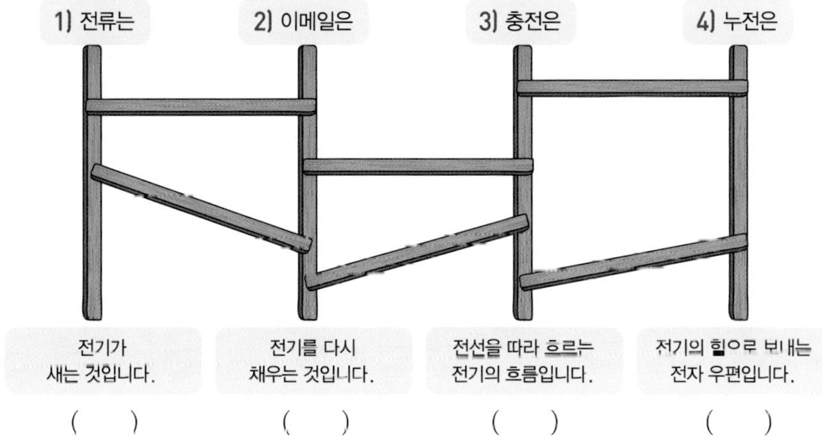

( ) ( ) ( ) ( )

소음이 아니라 경고음이야

사이렌을 울리며 소방차가 지나가네요. 소방차의 사이렌 소리를 무엇이라 할까요? (　　)

① 잡음　　② 경고음　　③ 목소리　　④ 큰 소리

네, 정답은 ② 경고음(警告音)이에요. 위험하니 조심하라고 알리는 소리지요. 소방차가 불을 끄러 갈 때는 급하게 운전을 하니 위험해요. 그래서 규칙적인 소리를 크게 내서 주변의 차나 사람들에게 조심하라고 미리 경고를 하는 것이지요.

반면에, 불규칙하게 뒤섞여 불쾌하고 시끄러운 소리도 있어요. 바로 소음(騷音)이라고 해요.

소음이 너무 많으면, 소음 공해라고 한답니다.

다음 빈칸을 채워 낱말을 완성해 보세요.

굉장히 요란한 소리는 굉□,

떨면서 나는 소리는 진동□이라고 해요.

소음

굉음

진동음

音 소리 음

- **경고음**
  (警조심할 경 告알릴 고 音)
  조심하라고 알리는 소리
- **소음**(騷시끄러울 소 音)
  불규칙하게 섞인 시끄러운 소리
- **소음 공해**(騷音 公모두 공 害해로울 해)
  소음으로 인해 사람이나 동물이 입게 되는 피해
- **굉음**(轟요란할 굉 音)
  굉장히 요란한 소리
- **진동음**
  (振떨 진 動움직일 동 音)
  떨면서 나는 소리

저런, 가수가 노래를 녹음하는데 불필요한 소리가 섞이면 안 되겠죠?
잡음(雜音)은 불필요하게 섞여 드는 소리를 말해요.
녹음(錄音)은 소리를 기록하는 거예요.
지금은 최신 스튜디오에서 하고 있지만, 예전엔 소리를 녹음한다는 것은 매우 놀라운 일이었어요. 당시엔 '소리를 저축했다가 다시 들려 주는 기계'라고 해서 축음기라고 부르는 것도 있었어요.

축음기

소리 중에서 사람이 내는 소리를 무엇이라고 할까요? (　　)

① 목성　② 토성　③ 금성　④ 음성

정답은 ④ 음성이에요. 목소리나 말소리를 말해요.
소리에도 여러 가지가 있어요.
맑은 소리는 청음(淸音)이라고 하고, 흐린 소리는 탁음(濁音)이라고 해요.

다음 빈칸을 채워 낱말을 완성해 보세요.
높은 소리는 고☐,
낮은 소리는 저☐이랍니다.
어때요? 소리라도 다 같은 소리가 아니죠?

- **잡음**(雜 섞일 잡 音)
  불필요하게 섞인 소리
- **녹음**(錄 기록할 녹 音)
  소리를 기록함
- **축음기**
  (蓄 모을 축 音 機 기계 기)
  소리를 저축했다가 다시 들려 주는 기계
- **음성**(音 聲 소리 성)
  사람의 목소리나 말소리
- **청음**(淸 맑을 청 音)
  맑은 소리
- **탁음**(濁 흐릴 탁 音)
  흐린 소리
- **고음**(高 높을 고 音)
  높은 소리
- **저음**(低 낮을 저 音)
  낮은 소리

저런, 고릴라 군의 노래는 듣기가 힘든 모양이네요. 고릴라 군 같이 노래를 못하는 사람을 음치라고 해요. 음치(音癡)는 노래를 부를 때 박자나 가락을 잘 못 맞추는 사람을 말해요. 이런 사람은 음악 소리에 대한 감각, 즉 음감(音感)이 둔해요.

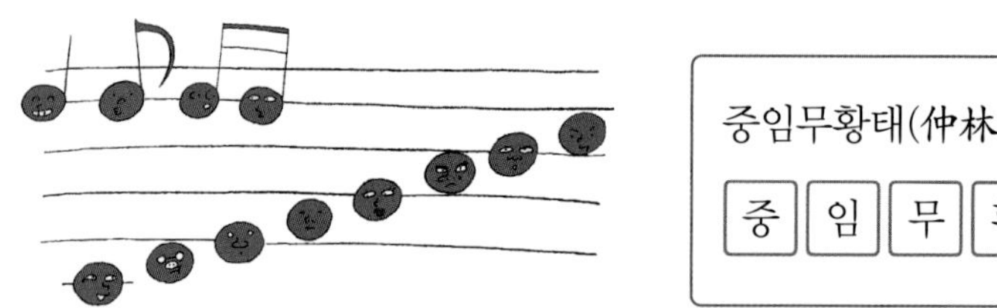

음표와 음계예요. 음표(音標)는 악보에서 음의 높낮이와 길이를 나타내는 기호예요. 음계는 음을 간격에 맞게 순서에 따라 늘어놓은 체계를 말해요. 서양 음악에서는 도레미파솔라시의 7음계, 국악에서는 중임무황태의 5음계를 써요. 음계의 한 세트를 옥타브라고 해요.

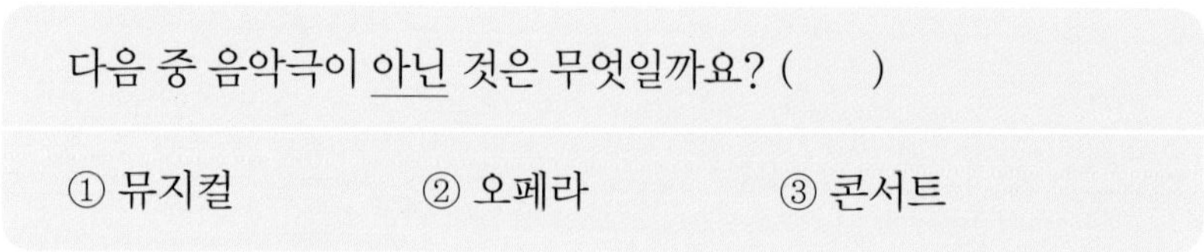

다음 중 음악극이 아닌 것은 무엇일까요? (　　)

① 뮤지컬　　② 오페라　　③ 콘서트

정답은 ③ 콘서트예요. 음악극은 음악과 연극이 합해진 것을 뜻해요. 콘서트는 음악만 연주하는 공연이지요.

音 음악 음

음치(音 癡 어리석을 치)
박자나 가락을 잘 못 맞추는 사람

음감(音 感 느낄 감)
음악 소리에 대한 감각

음표(音 標 기호 표)
악보에서 음의 높낮이와 길이를 나타내는 기호

음계(音 階 층 계)
음을 간격에 맞게 순서에 따라 늘어놓은 체계

음악극
(音 樂 음악 악 劇 연극 극)
음악과 연극을 합친 것, 뮤지컬이나 오페라 등

저런, 'ㄱ'의 이름을 헷갈렸군요. 'ㄱ'은 기역이라고 읽어요. 기역이 들어 있는 한글의 다른 이름은 훈민정음이에요. '백성을 가르치는 바른 소리'라는 뜻이죠.

훈민정음 중 ㅏ ㅑ ㅓ ㅕ ㅗ ㅛ ㅜ ㅠ ㅡ ㅣ를 모음이라고 해요. 모음(母音)은 홀소리라고도 해요. 혀를 쓰지 않고 목청만 울려 내는 소리죠. 목청 홀로 소리를 내기 때문에 홀소리예요.

또 훈민정음 중 ㄱㄴㄷㄹㅁㅂㅅㅇㅈㅊㅋㅌㅍㅎ은 무엇이라 할까요? 맞아요. 자음이라고 해요. 자음(子音)은 다른 말로 닿소리라고 해요. 혀가 입 안 어딘가에 닿아야 나는 소리니까요.

자음 중에서 'ㅊ, ㅋ, ㅌ, ㅍ'은 거센소리라 격음(激音),
'ㄲ, ㄸ, ㅃ, ㅆ, ㅉ'은 된소리라 경음(硬音),
'ㄱ, ㄷ, ㅂ, ㅅ'은 평범한 소리라서 평음(平音)이라고 해요.

音 소리 음

- **훈민정음**(訓 가르칠 훈 民 백성 민 正 바를 정 音)
  백성들을 가르치는 바른 소리
- **모음**(母 어미 모 音)
  목청만 울려 내는 소리 = 홀소리
- **자음**(子 아들 자 音)
  혀가 입 안 어딘가에 닿아야 나는 소리 = 닿소리
- **격음**(激 거셀 격 音)
  거센 소리
- **경음**(硬 단단할 경 音)
  된소리
- **평음**(平 평범할 평 音)
  평범한 소리

자음의 이름과 발음

ㄱ-기역	ㄴ-니은
ㄷ-디귿	ㄹ-리을
ㅁ-미음	ㅂ-비읍
ㅅ-시옷[시옫]	ㅇ-이응
ㅈ-지읒[지읃]	ㅊ-치읓[치읃]
ㅋ-키읔[키윽]	ㅌ-티읕[티읃]
ㅍ-피읖[피읍]	ㅎ-히읗[히읃]

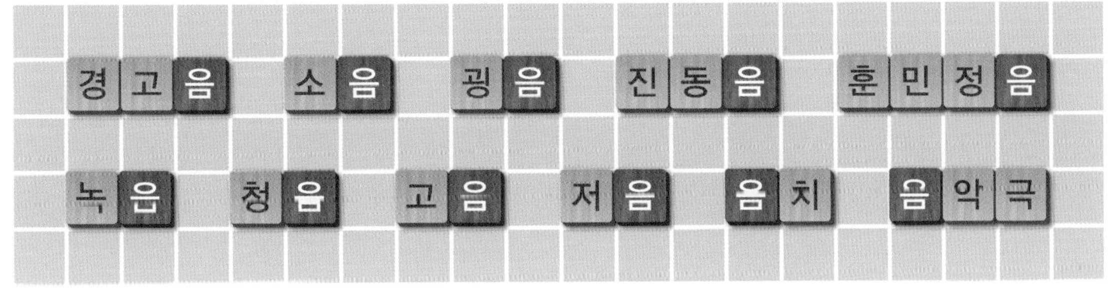

씨글자
블록 맞추기

경고음
소음
소음 공해
굉음
진동음
잡음
녹음
축음기
음성
청음
탁음
고음

① 주어진 한자를 따라 쓰시오.

② 어떤 낱말에 대한 설명인지 쓰세요.

1) 떨면서 나는 소리 → ☐☐☐
2) 소리를 기록함 → ☐☐
3) 박자나 가락을 잘 못 맞추는 사람 → ☐☐
4) 백성들을 가르치는 바른 소리 → ☐☐☐☐
5) 거센소리 → ☐☐

③ 알맞은 낱말을 찾아 문장을 완성하세요.

1) 구급차가 ☐☐☐을 울리면 길을 비켜 줘야 해.
2) 댄스 가수 중에서 가끔 ☐☐한 걸 틀고 춤만 추는 가수도 있대.
3) 어휴, 이런 ☐☐. 노래 정말 못한다.
4) 전화기의 ☐☐이 심해서 알아듣지 못하겠어.

4 문장에 어울리는 낱말을 골라 ○표 하세요.

1) 맑은 소리는 (청음 / 탁음), 흐린 소리는 (청음 / 탁음)이야.

2) 오늘 라디오 방송은 생방송이 아니라 (잡음 / 녹음) 방송이래.

3) 목청만 울려 내는 소리인 홀소리는 (자음 / 모음), 혀가 입 안 어딘가에 닿아 나는 소리인 닿소리는 (자음 / 모음)이야.

4) 'ㅊ, ㅋ, ㅌ, ㅍ'은 거센소리라 (경음 / 격음), 'ㄲ, ㄸ, ㅃ, ㅆ, ㅉ'은 된소리라 (경음 / 격음)이라고 해.

5) 천둥이 우르르 쾅! 하고 치면서 (경고음 / 굉음)이 울렸어.

5 그림을 보고, 알맞은 낱말을 쓰세요.

1) □□□

2) 노래 정말 못 부른다.

□□

3) □□

6 그림을 보고, 알맞은 낱말을 연결하세요.

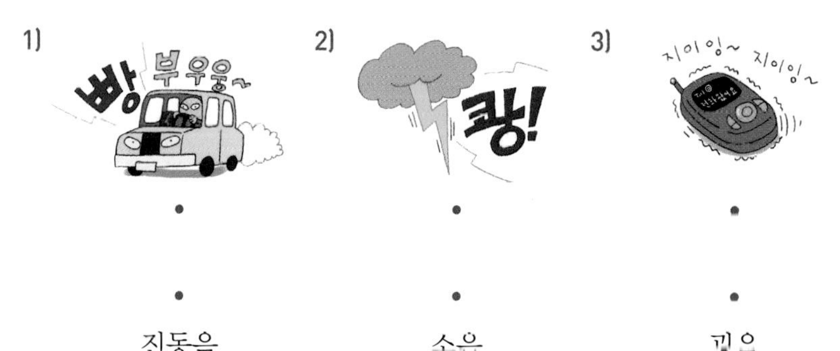

1) 2) 3)

진동음 소음 굉음

우리 사이에 단절은 있을 수 없어!

요즈음 부모와 자녀 사이의 대화 단절이 문제가 되고 있어요. 단절은 '끊을 단(斷)', '끊을 절(絶)'이라는 뜻의 글자가 합쳐진 낱말로, 둘 사이의 연결이나 관계를 끊는 것을 말해요. 자기만의 시간도 중요하지만 가족과의 대화도 중요해요. 단절은 나라 사이의 국교 단절, 문화 단절이라는 표현으로도 쓰여요.

중간에서 끊기면 끊을 단(斷)

중단은 중도에서 끊어지는 것을 말해요. 무엇인가를 끊어 버린다는 뜻의 '끊을 단(斷)'으로 시작하는 낱말들을 알아볼게요.
품었던 생각을 아주 끊어 버리는 것은 □념이에요.
잘라 내서 끊어진 면은 □면,
땅의 층인 지층이 어긋나서 끊어진 층은 □층이에요. 지층이 양쪽에서 힘을 받아 끊어지면 단층이 되지요.
또 열이 끊어지는 것은 □열,
음식을 먹지 않고 끊는 것은 □식이에요.
이와 달리 단(斷)이 '결단하다'의 뜻으로 쓰이기도 해요.

斷 끊을 단	絶 끊을 절
둘 사이의 연결이나 관계를 끊는 것	

- **중단**(中 가운데 중 斷)
  중도에서 끊어지는 것
- **단념**(斷 念 생각 념)
  품었던 생각을 아주 끊어 버림
- **단면**(斷 面 표면 면)
  잘라 내서 끊어진 면
- **단층**(斷 層 층 층)
  지층이 어긋나서 끊어진 층
- **단열**(斷 熱 더울 열)
  열이 끊어지는 것
- **단식**(斷 食 먹을 식)
  음식을 먹지 않고 끊는 것
- **결단**(決 결단할 결 斷)
  결정적인 판단을 함
- **단행**(斷 行 행할 행)
  결단하여 실행하는 것

결단은 결정적인 판단을 하는 것이에요. 결단하여 실행하는 것은 단행, 주저하지 않고 딱 잘라 말하는 것은 단언이에요. 딱 잘라서 결정하는 것은 단정이라고 해요.

이제 끝났어. 끊을 절(絶)

"이제 절교야!" 친구에게 이런 말을 툭 내뱉은 적은 없겠지요? 절교는 서로의 교제를 끊는 것, 절연은 인연을 끊는 것, 절망은 희망을 끊어 버리는 것이에요. 절벽은 벽이 끊어져 가파른 낭떠러지를 뜻하고요. 절단도 끊어 낸다는 뜻이에요. 단절은 대화처럼 눈에 보이지 않는 관계를 끊는 경우에, 절단은 철사처럼 눈에 보이는 것을 끊는 경우에 쓰여요.

끊을 절(絶) 자가 뒤에 붙는 경우도 있어요.

거□은 거부하여 끊어 버리는 것,

근□은 뿌리째 없애 버리는 것,

기□은 기가 끊어지는 것, 즉 정신을 잃는 것,

사□은 사양하여 물리쳐 끊는 것이에요.

끊을 절(絶) 자는 '뛰어나다, 비할 데 없다'의 뜻으로도 쓰여요. 뛰어난 경치는 절경, 비할 데 없는 꼭대기, 즉 끝까지 차오른 상태는 절정이라고 해요. 인기가 절정에 올랐다는 표현으로 쓰이지요. 더할 나위 없이 큰 칭찬은 절찬, 비할 데 없이 아주 묘한 것은 절묘예요.

- **단언**(斷 言 말씀 언) 주저하지 않고 딱 잘라 말함
- **단정**(斷 定 정할 정) 딱 잘라 결정함
- **절교**(絶 交 사귈 교) 서로의 교제를 끊는 것
- **절연**(絶 緣 인연 연) 인연을 끊는 것
- **절망**(絶 望 바랄 망) 희망을 끊어 버리는 것
- **절벽**(絶 壁 벽 벽) 벽이 끊어져 가파른 낭떠러지
- **절단**(切 끊을 절 斷) 끊어 냄
- **거절**(拒 막을 거 絶) 거부하여 끊어 버리는 것
- **근절**(根 뿌리 근 絶) 뿌리째 없애 버림
- **기절**(氣 기운 기 絶) 정신을 잃는 것
- **사절**(謝 사례할 사 絶) 사양하여 물리쳐 끊는 것
- **절경**(絶 景 경치 경) 뛰어난 경치
- **절정**(絶 頂 정수리 정) 끝까지 차오른 상태
- **절찬**(絶 讚 기릴 찬) 더할 나위 없이 큰 칭찬
- **절묘**(絶 妙 묘할 묘) 비할 데 없이 아주 묘한 것

경쟁과 투쟁은 옳은 방법으로!

물건은 하나밖에 없는데 여러 사람이 갖고 싶어 한다면 경쟁을 해야 해요. 운동 경기에서도 상대를 이기기 위해 경쟁을 하지요. 경쟁은 '다툴 경(競)', '다툴 쟁(爭)'의 두 한자로 이루어져 있어요.

보이지 않는 다툼은 다툴 경(競)

보이지 않는 다툼이 우리 사회 곳곳에서 벌어지고 있어요. 꼭 주먹이 오가야만 다툼이 아니에요.

그럼 '다툴 경(競)' 자가 나오는 낱말에는 어떤 것들이 있는지 알아볼까요?

재주를 겨루는 것은 □기,

선거에서 둘 이상의 후보가 다투는 것은 □선이에요.

누구의 제품이 더 좋은지 경쟁하는 것은 □진,

더 높은 값을 부르는 사람에게 물건을 파는 것은 □매,

연극이나 음악 등의 연기를 경쟁하는 □연이에요.

그 밖에 더 빨리 달리려고 경쟁하는 □주,

서로 맞서서 겨루는 □합 등이 있어요.

경쟁할 만한 힘, 능력은 □쟁력이라고 해요.

競 다툴 경	爭 다툴 쟁

이기거나 앞서려고 서로 다툼

- **경기**(競 技재주 기)
  재주를 겨루는 것
- **경선**(競 選가릴 선)
  선거에서 둘 이상의 후보가 다툼
- **경진**(競 進 나아갈 진)
  누구의 제품이 더 좋은지 경쟁함
- **경매**(競 賣팔 매)
  더 높은 값을 부르는 사람에게 물건을 파는 것
- **경연**(競 演펼 연)
  연극이나 음악 등의 연기를 다툼
- **경주**(競 走달릴 주)
  더 빨리 달리려고 다툼
- **경합**(競 合합할 합)
  서로 맞서서 겨룸
- **경쟁력**(競爭 力힘 력)
  경쟁할 만한 힘, 능력

의견을 주장할 때는 다툴 쟁(爭)

'다툴 쟁(爭)' 자가 나오는 낱말도 알아볼까요?

경쟁이 다투는 수준을 넘어 좀 더 치열하고 격렬할 때는 투쟁이라고 해요. 투쟁은 주로 독립 투쟁, 정치적 투쟁 등 특별한 목적을 가지고 싸우는 일을 말하지요.

1945년, 우리는 드디어 일본으로부터 독립을 쟁취하였어요. 오랫동안 힘들게 싸워서 그토록 바라던 독립을 얻은 것이지요.

쟁의는 서로 자기 의견만을 주장하며 다투는 것,

쟁탈은 서로 다투어 뺏는 것이에요. 옛날에는 왕의 아들들 사이에서 서로 왕이 되겠다고 왕위 쟁탈전이 많이 벌어졌어요.

쟁(爭) 자가 뒤에 붙는 낱말도 많이 있어요. 서로 주장이 다르면 다툼이 일어나기도 해요.

자기의 주장을 말이나 글로 논하면서 다투는 것을 논☐, 당파끼리 서로 싸우는 것은 당☐, 어지럽게 다투는 것은 분☐이에요. 나라끼리 영토 분쟁이 종종 일어나요. 종교 문제, 국경 문제, 유산 문제 등으로 말썽이 생겨서 시끄럽고 복잡하게 다툴 때 분쟁이라는 말을 많이 쓰지요.

항쟁은 맞서 다툰다는 뜻이에요. 이 말은 투쟁, 쟁취와 같이 권력에 맞서는 시민의 항쟁, 외적에 맞서 싸우는 항쟁 등의 표현으로 많이 쓰여요.

- **투쟁**(鬪 싸울 투 爭) 치열하고 격렬한 싸움
- **쟁취**(爭 取 가질 취) 힘들게 싸워서 바라던 바를 얻음
- **쟁의** (爭 議 의논할 의) 서로 자기 의견만 주장하며 다툼
- **쟁탈**(爭 奪 빼앗을 탈) 서로 다투어 뺏음
- **논쟁**(論 논할 논 爭) 주장을 말이나 글로 논하면서 다툼
- **당쟁**(黨 무리 당 爭) 당파끼리 서로 싸우는 것
- **분쟁**(紛 어지러울 분 爭) 어지럽게 다투는 것
- **항쟁** (抗 겨룰 항 爭) 겨루어 맞서 다툼

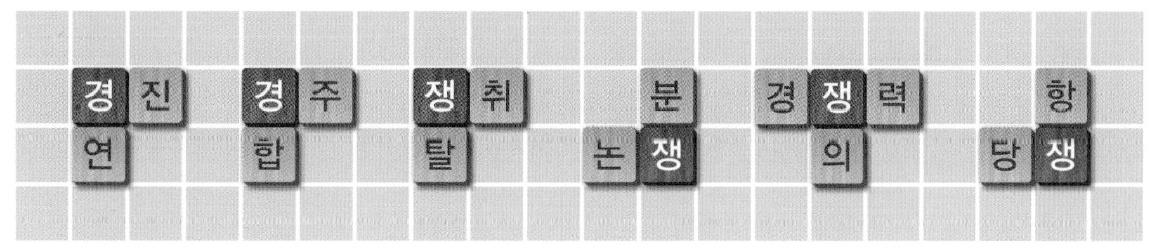

______월 ______일 / 정답 142쪽

1 공통으로 들어갈 낱말을 쓰세요.

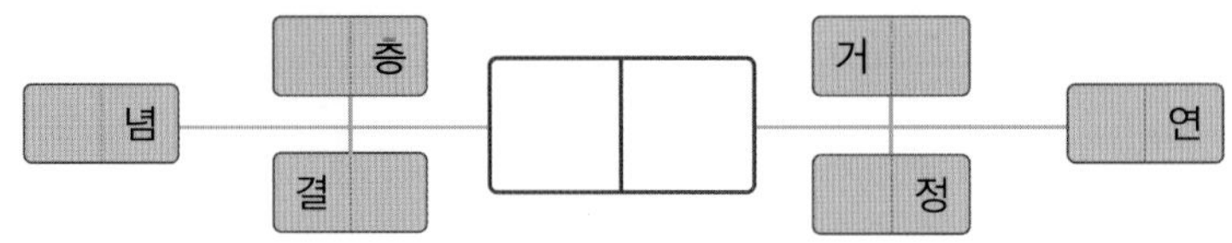

2 주어진 낱말을 넣어 문장을 완성하세요.

1) | 단 | 념 | 식 |

□□까지 하면서 잘못된 일을 개선해 달라고 요구했지만 결국 성사되지 않아 □□할 수밖에 없었어.

2) | 결 | 단 | 행 |

이제 그만 □□을 내리고 일을 □□하자!

3) | 거 | 절 | 교 |

친구가 내 호의를 □□하고 급기야는 □□를 선언했어.

3 문장에 어울리는 낱말을 골라 ○표 하세요.

1) 논의를 잠시 (중단 / 단절)하고 휴식 시간을 갖자.

2) 희망이 완전히 끊어지는 것을 (절망 / 절연)이라고 해.

4 '절' 자가 끊는다는 뜻으로 쓰이지 않은 것을 고르세요. (　　)

① 이제 너랑은 절교야!

② 조금만 더 올라가면 멋진 절벽이 나온대.

③ 철수가 발표를 아주 잘 해서 선생님께 절찬을 받았어.

④ 가족 간에 대화가 단절되었어.

⑤ 너무 놀란 나머지 어머니가 기절하시고 말았어.

단질
중단
단념
단면
단층
단열
단식
결단
단행
단언
단정
절교
절연
절망
절벽
절단
거절
근절
기절
사절
절경
절정
절찬
절묘

경쟁
경기
경선
경진
경매
경연
경주
경합
경쟁력
투쟁
쟁취
쟁의
쟁탈
논쟁
당쟁
분쟁
항쟁

1 공통으로 들어갈 낱말을 쓰세요.

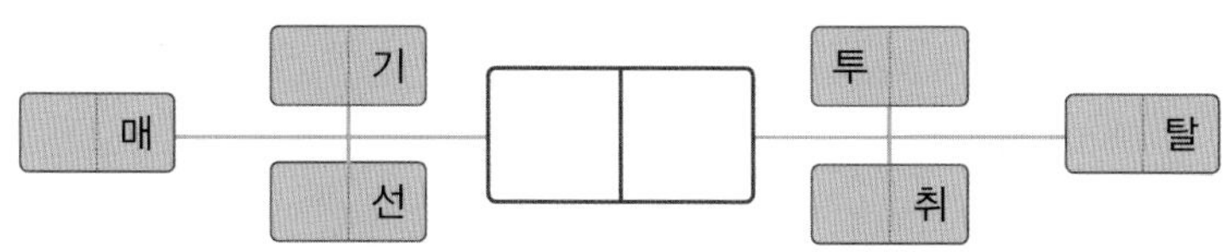

2 주어진 낱말을 넣어 문장을 완성하세요.

1) 쟁 의 탈

서로 다투어 빼앗는 것은 ☐☐,

서로 자기 의견을 주장하며 다투는 것은 ☐☐(이)야.

2) 경 선 합

이번 선거는 두 명의 후보가 출마하여 ☐☐으로 치러지는데요, 치열한 ☐☐을 벌이고 있습니다.

3) 항 쟁 취

일제 강점기 시대에 일제에 대항하여 애국 ☐☐을 벌이신 많은 분들 덕분에 독립을 ☐☐할 수 있었어.

3 문장에 어울리는 낱말을 골라 ○표 하세요.

1) 유명한 화가의 그림이 어제 (경매 / 경쟁)에서 높은 가격에 팔렸습니다.

2) 오늘은 연극 (경연 / 경주)이(가) 있는 날이야.

3) 국회 의원이 나라의 살림을 돌볼 생각은 않고 (당쟁 / 쟁의)만 일삼다니!

4 밑줄 친 낱말 중 잘못 쓰인 것을 고르세요. (　　)

① 나의 두 형은 서로 생각이 달라서 곧잘 열띤 당쟁을 벌여요.

② 인호는 달리기 경주에 나가서 좋은 성적을 거두었어.

③ 이번 학생회장 선거는 후보가 두 명인 경선으로 치러질 거야.

④ 두 나라는 국경 때문에 영토 분쟁에 휘말렸어.

1952년, 우리 군이 강원도 백마고지에서 중공군을 무찌른 싸움을 백마고지전투라고 해요. 지역명에 '전투'가 붙었네요. 전투란 다른 두 편의 군대가 무기를 들고 싸우는 것을 말해요.
이 싸움 전(戰), 싸움 투(鬪)와 같이 이기고 지는 상황을 나타내는 단어를 알아볼까요?

戰 싸움 전	鬪 싸움 투
두 군대가 무기를 들고 싸움	

- **전쟁**(戰 爭다툴 쟁) 나라와 나라, 또는 단체 사이에 무기를 들고 싸움
- **대전**(大큰 대 戰) 여러 나라가 참여하는 큰 전쟁
- **전란**(戰 亂어지러울 난) 전쟁으로 인한 큰 난리
- **전선**(戰 線줄 선) 전투가 직접 벌어지는 지역
- **전사**(戰 死죽을 사) 전쟁터에서 목숨을 잃음
- **해전**(海바다 해 戰) 바다에서 벌이는 전투
- **지상전**(地땅 지 上戰) 땅 위에서 벌이는 전투
- **공중전**(空하늘 공 中戰) 공중에서 벌이는 전투

싸움을 나타내는 전(戰)

나라와 나라, 또는 단체 사이에 무기를 들고 싸우는 것은 전쟁이라고 하는데 전쟁 안에는 수많은 전투가 있어요. 이처럼 '전(戰)'은 전쟁, 전투를 나타내는 낱말에 사용되지요.
여러 나라가 참여하는 큰 전쟁을 대전,
전쟁으로 인한 큰 난리를 전란,
전투가 직접 벌어지는 지역은 전선,
군인이 전쟁터에서 목숨을 잃는 것을 전사라고 해요.
전투는 전투가 벌어지는 장소에 따라 종류를 구분해요.
바다에서 벌이는 전투는 해전, 땅 위에서 벌이는 전투는 지상전, 공중에서 벌이는 전투를 공중전이라고 하지요.

전쟁에 이기기 위해서는 먼저 전쟁을 어떻게 이끌 것인지 계획하는 전략과 전략대로 하기 위한 기술과 방법인 전술이 뛰어나야 해요. 군대나 무기처럼 전투를 할 수 있는 능력인 전력도 중요하지요.

이번에는 올림픽 경기장으로 가 볼까요? 올림픽이 열리면 선수들이 메달에 도전한다고 하지요? 도전은 정면으로 싸움을 거는 것을 의미해요. 이기고 지는 것을 결정짓는 싸움은 결전이라고 하는데, 특히 마지막으로 승부를 가리는 시합을 결승전이라고 해요. 이때 실력이 비슷한 선수나 팀이 출전하면 몹시 힘들고 어려운 경기를 펼치겠죠? 이를 고전한다고 표현해요.

싸움을 나타내는 투(鬪)

이번엔 '투(鬪)'가 들어간 낱말을 알아봐요.

어떤 대상을 이기기 위한 싸움을 투쟁이라 하는데, 이겨야 하는 대상이 질병이라면 투병, 사나운 소라면 투우라고 해요. 투우는 투우사와 소, 소와 소를 싸움을 붙이는 경기예요. 승패를 결정하기 위해 벌이는 싸움을 결투라고 해요.

주변에 중요한 시험이나 경기를 앞둔 사람이 있다면 "건투를 빕니다."라고 말해 보세요. 뜻을 굽히지 않고 씩씩하게 잘 싸우라는 뜻이에요. 아마 싸우고자 하는 굳센 마음인 투지를 가지고 끝까지 싸우려는 정신인 투혼을 보여 줄 거예요!

- **전략**(戰 略꾀 략)
  전쟁을 이끌기 위한 계획
- **전술**(戰 術방법 술)
  전략대로 하기 위한 기술과 방법
- **전력**(戰 力힘 력)
  전투나 경기를 할 수 있는 능력
- **도전**(挑돋울 도 戰)
  정면으로 싸움을 걺
- **결전**(決결정할 결 戰)
  이기고 지는 것을 결정짓는 싸움
- **결승전**(決 勝이길 승 戰)
  마지막으로 승부를 가리는 경기
- **고전**(苦괴로울 고 戰)
  힘들고 어렵게 싸움
- **투쟁**(鬪 爭다툴 쟁)
  어떤 대상을 이기기 위해 싸움
- **투병**(鬪싸울 투 病병 병)
  병을 고치려고 싸움
- **투우**(鬪 牛소 우)
  투우사와 소, 소와 소를 싸움 붙이는 경기
- **결투**(決鬪)
  승패를 결정하기 위한 싸움
- **건투**(健굳셀 건 鬪)
  뜻을 굽히지 않고 씩씩하게 싸움
- **투지**(鬪 志뜻 지)
  싸우고자 하는 굳센 뜻
- **투혼**(鬪 魂넋 혼)
  끝까지 싸우려는 정신

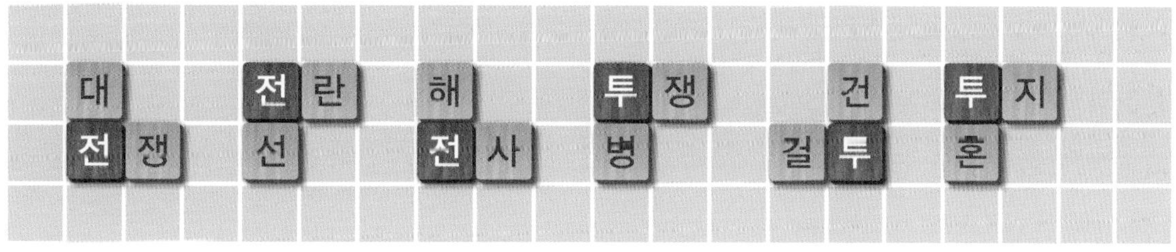

매년 10월 17일은 '세계 빈곤퇴치의 날'이에요. 가난으로 어려움을 겪고 있는 나라와 사람들을 돕기 위해 지정한 날이지요. 빈곤이란 '가난할 빈(貧)'과 어렵다는 뜻을 가진 '곤할 곤(困)'이 합쳐진 낱말로 가난하여 살기 어려운 상태를 뜻해요. 또 빈곤과 비슷한 뜻인 빈궁은 몹시 가난한 것을 의미하지요.

가난을 뜻하는 빈(貧)과 곤(困)

가난한 농민을 빈농, 가난한 사람을 빈민이라고 해요. 하지만 가난의 이유가 게으름이 아닌 재물 욕심이 없는 성품 때문이라면 청빈하다고 말하지요.

'빈(貧)'은 무언가 부족할 때도 사용해요. 약하고 보잘것 없으면 빈약하다고 하고, 적혈구가 부족하여 쉽게 어지러운 증상은 빈혈이라고 해요.

'곤(困)'은 말 그대로 지치거나 괴롭고 어려운 상황에 쓰여요.

몸이나 마음이 지치어 힘듦은 피곤,

어려운 형편이나 상황은 곤경,

딱하고 어려운 사정은 곤란,

貧 가난할 빈	困 곤할 곤

가난하여 살기 어려운 상태

- **빈궁**(貧 窮궁할 궁)
  몹시 가난함
- **빈농**(貧 農농사 농)
  가난한 농민
- **빈민**(貧 民사람 민)
  가난한 사람
- **청빈**(淸맑을 청 貧)
  재물 욕심이 없어 가난함
- **빈약**(貧 弱약할 약)
  약하고 보잘것 없음
- **빈혈**(貧 血피 혈)
  적혈구가 부족하여 쉽게 어지러운 증상
- **피곤**(疲피곤할 피 困)
  몸과 마음이 지치어 힘듦
- **곤경**(困 境지경 경)
  어려운 형편이나 상황

심한 말이나 참기 힘든 일은 곤욕,
곤란한 일을 당하여 어쩔 줄 모르는 것을 곤혹,
몸에 힘이 없고 나른할 때는 노곤하다고 해요.

다함을 나타내는 궁(窮)

'궁할 궁(窮)'은 '궁하다, 부족하다'는 의미를 가져요.
곤궁은 가난하여 처지가 딱함,
궁상은 곤궁한 상태,
궁색은 곤궁한 모습,
궁지는 벼랑으로 몰린 것처럼 매우 곤란하고 어려운 상황이에요.
'궁(窮)'은 가진 게 다해서 없다는 뜻을 나타내기도 해요. '궁'으로 표현할 수 있는 '다하다, 끝나다'의 의미를 가진 낱말을 찾아볼까요?
우리나라 꽃인 무궁화의 뜻을 아는 사람 있나요? '없을 무(無)'와 '다할 궁(窮)'을 쓰는 무궁은 '다함이 없다, 끝이 없다'는 말이에요. 즉 무궁화는 '끝없이 피는 꽃'이라는 뜻이지요.
잘못한 일에 대해 엄하게 따져 끝까지 밝히는 것은 추궁, 어떤 과정의 맨 마지막은 궁극, 깊이 연구하는 것은 궁리라고 해요.

- **곤란**(困 難어려울 난) 딱하고 어려운 사정
- **곤욕**(困 辱욕될 욕) 심한 말이나 참기 힘든 일
- **곤혹**(困 惑어지러울 혹) 곤란한 일을 당하여 어쩔 줄 모름
- **노곤**(勞일할 노 困) 몸에 힘이 없고 나른함
- **곤궁**(困窮) 가난하여 처지가 딱함
- **궁상**(窮 狀상태 상) 곤궁한 상태
- **궁색**(窮 色빛 색) 곤궁한 기색(모양)
- **궁지**(窮 地형편 지) 매우 곤란하고 어려운 상황
- **무궁**(無없을 무 窮다할 궁) 끝(다함)이 없음
- **무궁화**(無 窮 花꽃 화) '끝없이 핀다'는 뜻의 우리나라 꽃
- **추궁**(追쫓을 추 窮) 잘못한 일에 대해 엄하게 따짐
- **궁극**(窮 極다할 극) 어떤 과정의 맨 마지막
- **궁리**(窮 理다스릴 리) 깊이 연구함

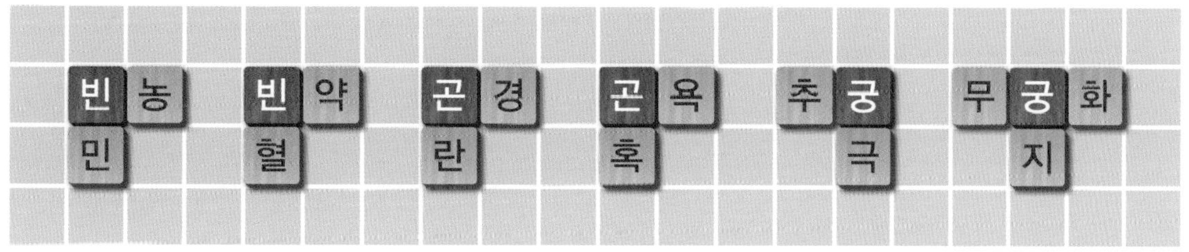

전투
전쟁
대전
전란
전선
전사
해전
지상전
공중전
전략
전술
전력
도전
결전
결승전
고전
투쟁
투병
투우
결투
건투
투지
투혼

1 공통으로 들어갈 낱말을 쓰세요.

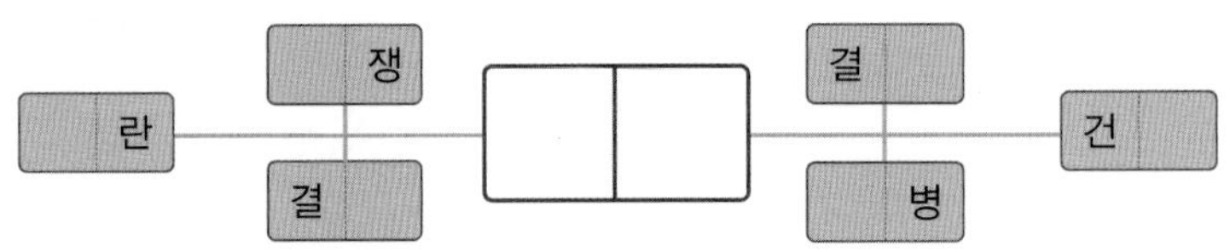

2 주어진 낱말을 넣어 문장을 완성하세요.

1) 대 / 전 쟁

제2차 세계 □□은 인류 역사상 가장 큰 인명과 재산 피해를 낳은 □□이에요.

2) 전 란 / 선

직접 전투가 벌어지는 □□에서는 □□이 끊이질 않아요.

3) 투 쟁 / 병

어떤 대상을 이기기 위해 싸우는 것을 □□이라고 하는데, 그 대상이 질병이라면 □□이라고 해요.

3 문장에 어울리는 낱말을 골라 ○표 하세요.

1) 상대편은 우리가 쓴 (전술 / 전란)에 완전히 속아 넘어갔다.

2) 명량 대첩은 역사에 길이 남을 (지상전 / 해전)이에요.

3) 어떤 일이든지 정면으로 (도전 / 결전)하려는 자세가 필요해요.

4) 이번 (결승전 / 고전)만 이기면 우승이야!

4 밑줄 친 낱말 중 잘못 쓰인 것을 고르세요. (　　)

① 학급 팔씨름 대회 결승전에서 민호가 이겨 우승을 거두었어요.

② 새로운 일에 도전하는 것을 두려워하지 마!

③ 스페인은 투우 경기가 아주 유명하대.

④ 암과 투지 중인 환우들에게 희망을 주는 음악회가 열려요.

⑤ 전란이 벌어지자 백성들은 모두 피난을 가야 했어.

___월 ___일 / 정답 142쪽

빈곤
빈궁
빈농
빈민
청빈
빈약
빈혈
피곤
곤경
곤란
곤욕
곤혹
노곤
곤궁
궁상
궁색
궁지
무궁
무궁화
추궁
궁극
궁리

1 공통으로 들어갈 낱말을 쓰세요.

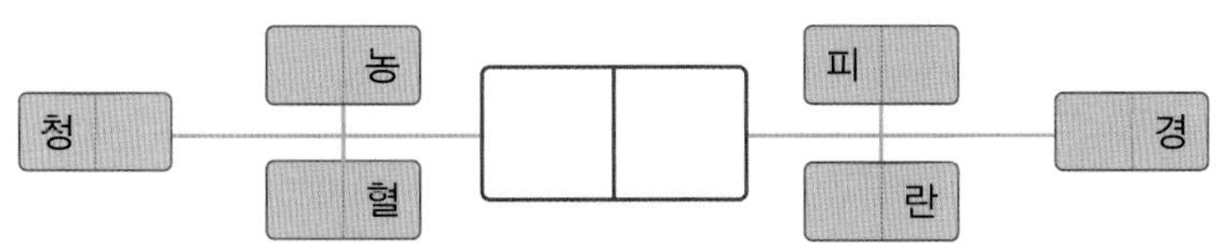

2 주어진 낱말을 넣어 문장을 완성하세요.

1) 빈 혈 약 — 영양 상태가 ☐☐하면 쉽게 어지러워지는 ☐☐이 나타나요.

2) 곤 욕 혹 — 사람들에게 ☐☐을 당한 그의 얼굴에는 ☐☐스러운 표정이 나타났어요.

3) 피 곤 란 — ☐☐한 나에게 심부름을 다녀오라고 하다니, 정말 ☐☐하다고요.

3 문장에 어울리는 낱말을 골라 ○표 하세요.

1) 점심을 너무 많이 먹었더니 온 몸이 (빈약 / 노곤)해.

2) (빈궁 / 궁색)한 변명은 그만하고 이제 자리로 돌아가렴.

3) 형사는 범인이 죄를 털어놓을 때까지 (궁리 / 추궁)했어요.

4 밑줄 친 낱말 중 잘못 쓰인 것을 고르세요. (   )

① 민경이는 나쁜 소문을 퍼트렸다는 오해를 받아 곤경에 처했어요.

② 며칠째 잠을 자지 못해 무척 청빈해.

③ 소문을 퍼트린 범인이 밝혀져서 민경이는 궁지에서 벗어났어요.

④ 다 떨어진 옷을 입고 궁상 좀 떨지 마.

⑤ 곤란한 상황을 말하고 도움을 청해 봐.

후퇴하지 말고 전진하자!

전쟁을 다룬 영화나 드라마에서 "전진하라! 후퇴하지 마라!"라는 대사를 많이 들어 봤죠? 전진은 '앞으로 나아가다'라는 뜻이고, 후퇴란 '뒤로 물러나다'라는 뜻이에요. 여러분도 잘 알고 있는 사자성어 진퇴양난은 이러지도 저러지도 못하는 곤란한 상황을 가리키지요. '진'과 '퇴'의 쓰임을 더 알아볼까요?

나아가는 진(進)과 물러나는 퇴(退)

'진(進)'과 '퇴(退)'는 각각 '나아가다'와 '물러나다'는 뜻을 가진 낱말로, 이들은 서로 상대되는 말을 만들어요.

진로는 앞으로 나갈 길 ↔ 퇴로는 뒤로 물러나갈 길

진로는 학교나 직업을 정하는 등의 장래 일을 말하기도 해요.

진보는 앞으로 나아가는 것 ↔ 퇴보는 뒤로 물러서는 것

진보와 퇴보는 정도나 수준이 높아지거나 낮아지는 것을 의미하기도 해요.

진화는 점점 발달하는 것 ↔ 퇴화는 발달 이전으로 되돌아가는 것

진화나 퇴화는 생물이 오랜 시간 환경에 따라 변하는 것을 가리켜요.

進 나아갈 진	退 물러날 퇴
나아감과 물러남	

- **전진**(前앞 전 進)
- **후퇴**(後뒤 후 退)
- **진퇴양난**
  (進退 兩두 양 難어려울 난)
  이러지도 저러지도 못하는 상황
- **진로**(進 路길 로)
  앞으로 나갈 길 / 장래 일
- **퇴로**(退路)
  뒤로 물러나갈 길
- **진보**(進 步걸을 보)
  앞으로 나아가는 것
- **퇴보**(退步)
  뒤로 물러서는 것
- **진화**(進 化변화할 화)
  점점 발달함
- **퇴화**(退化)
  발달 이전으로 되돌아감

진행은 앞을 향해 나아가는 것 ↔ 퇴행은 뒤를 향해 물리가는 것
진행은 순서에 따라 일을 하는 것을 뜻하기도 해요.

앞으로 나아가고, 뒤로 물러나고

내비게이션이 "다음 안내까지 직진입니다."라고 하면 어떻게 해야 할까요? 방향을 바꾸지 않고 쭉 앞으로 가면 돼요.
목표를 세워 밀고 나가는 것을 추진,
목표대로 일이 진행되어 발전하는 것은 진전,
재촉하여 빨리하도록 하는 것은 촉진,
거침없이 곧장 나아가는 것은 돌진이라고 해요.
'진'은 사람 또는 모임의 성격을 나타내기도 해요.
뜻하는 바를 급히 이루려고 할 때는 급진적,
반대로 조금씩 나아가려고 할 때는 점진적이라고 해요.
'퇴'는 '물러나다'는 뜻이지요?
어떤 곳에서 물러나는 것을 퇴장, 병원에 머물던 환자가 병원에서 나오는 것을 퇴원이라고 해요. 어떤 일에서 물러나는 것은 그만둔다는 것을 의미해요. 학교를 그만두는 것을 퇴학, 회사를 그만두는 것은 퇴직이라고 하지요.

- **진행**(進 行갈 행)
  앞을 향해 나아감
- **퇴행**(退行)
  뒤를 향해 물러감
- **직진**(直곧을 직 進)
  곧게 나아감
- **추진**(推밀 추 進)
  목표를 세워 밀고 나아감
- **진전**(進 展발전할 전)
  목표대로 일이 진행되어 발전함
- **촉진**(促재촉할 촉 進)
  재촉하여 빨리하도록 함
- **돌진**(突갑자기 돌 進)
  거침없이 곧장 나아감
- **급진적**
  (急급할 급 進 的~하는 적)
  뜻하는 바를 급하게 이루려 함
- **점진적**(漸점점 점 進的)
  조금씩 앞으로 나아가려는 것
- **퇴장**(退 場장소 장)
  어떤 곳에서 물러남
- **퇴원**(退 院집 원)
  환자가 병원에서 나옴
- **퇴학**(退 學배울 학)
  학교를 그만둠
- **퇴직**(退 職직분 직)
  직장을 그만둠

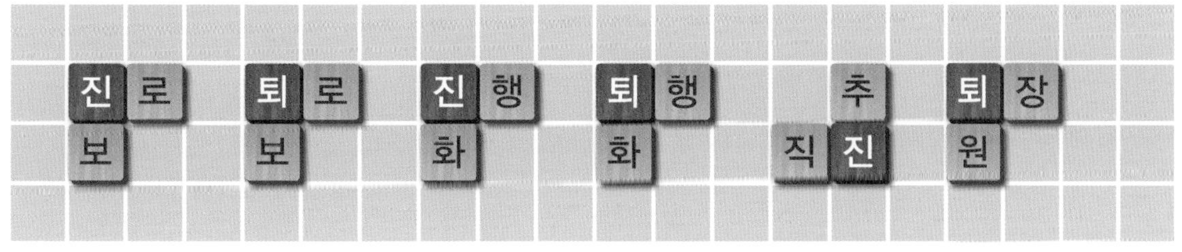

강약은 '강할 강(强)'과 '약할 약(弱)'이 합쳐진 말이에요. 강약은 세고 여림, 강하고 약함을 말해요. 타악기를 연주할 때, 선풍기의 바람 세기를 조절할 때, 불의 세기를 조절할 때 강약을 잘 조절하라는 말을 쓰지요. 강과 약은 뜻이 서로 반대가 되기 때문에 강과 약으로 짝을 이루는 낱말은 서로 반대말이 되는 경우가 많답니다.

强 강할 강	弱 약할 약
강하고 약한 정도	

- **강자**(强 강할 강 者 사람 자)
  강한 사람
- **약자**(弱 약할 약 者)
  약한 사람
- **강대국**
  (强 大 클 대 國 나라 국)
  강하고 땅이 넓은 나라
- **약소국**
  (弱 小 작을 소 國 나라 국)
  약하고 작은 나라
- **강화**(强 化 될 화)
  힘을 더 강하게 함
- **약화**(弱化)
  힘을 약하게 함
- **강세**(强 勢 세력 세)
  강한 기세
- **약세**(弱勢)
  약한 기세

힘이 세고 강해요! 강(强)

'강할 강(强)' 자가 들어간 낱말과 반대되는 낱말을 알아볼까요?

강한 사람은 강자 ↔ 약한 사람은 약자
강하고 땅이 넓은 나라는 강대국 ↔ 약하고 작은 나라는 약소국
힘을 더 강하게 하는 강화 ↔ 힘을 약하게 하는 약화
강한 기세는 강세 ↔ 약한 기세는 약세
남보다 강한 점은 강점 ↔ 남보다 약한 점은 약점
강한 바람은 강풍 ↔ 약한 바람은 약풍

병이 들고 약한 상태를 병약하다고 해요.

이와 반대로 건강하고 강한 것을 강건하다고 하지요.

힘이 세고 강하면 일을 억지로 시킬 수가 있어요. 그래서 강할 강(强)은 무엇인가를 '억지로 하게 하다'는 뜻을 갖기도 해요.

억지로 물건을 사거나 파는 것을 강매라고 해요.

억지로 요구받는 것을 강요라고 하지요.

억지로 누른다는 뜻의 강압도 있어요. 강제라고도 해요.

이렇게 강이 '억지로'의 뜻으로 쓰일 때는 '약(弱)' 자로 대응하는 반대말이 없답니다.

힘이 없고 약해요! 약(弱)

이번에는 약한 것만을 표현하는 낱말들을 알아볼게요.

그럼 빈칸을 채워 볼까요?

힘이 점점 쇠해져 약해진 것은 쇠☐, 기운이 없어 약한 것은 허☐, 안이 꽉 차지 못하고 내용이 부실한 것은 빈☐, 노인과 약한 사람을 같이 노☐자라고 하지요.

버스나 지하철에는 노약자 보호석이 마련되어 있어요.

노약자 보호석은 노약자를 보호하기 위한 자리이니까 건강한 사람들은 자리를 비워 두는 배려를 보여야겠죠?

강점(强 點점 점)
남보다 강한 점

약점(弱點)
남보다 약한 점

강풍(强 風바람 풍)
강한 바람

약풍(弱風)
약한 바람

병약(病병 병 弱)**하다**
병이 들어서 몸이 약하다

강건(强 健튼튼할 건)**하다**
몸이 건강하고 강하다

강매 (强 買살 매)
남의 물건을 억지로 삼

강요(强 要구할 요)
억지로 요구받는 것

강압(强 壓누를 압)
억지로 누름 = 강제

쇠약(衰쇠할 쇠 弱)
힘이 쇠하고 약함

허약(虛빌 허 弱)
기운이 없고 약함

빈약(貧가난할 빈 弱)
내용이 부실한 것

노약자(老늙을 노 弱 者)
늙거나 약한 사람

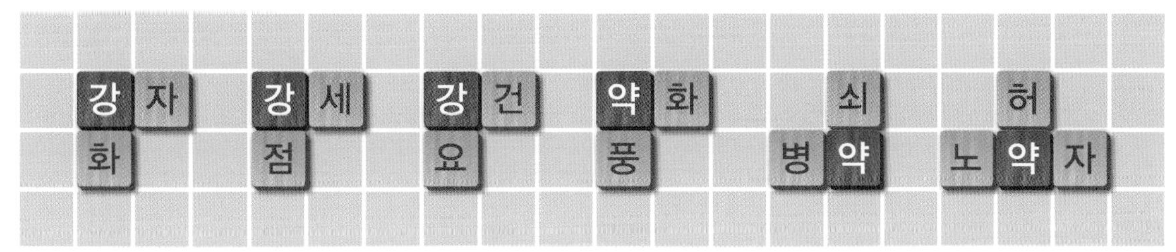

_____월 _____일 / 정답 142쪽

진퇴
전진
후퇴
진퇴양난
진로
퇴로
진보
퇴보
진화
퇴화
진행
퇴행
직진
추진
진전
촉진
돌진
급진적
점진적
퇴장
퇴원
퇴학
퇴직

1 공통으로 들어갈 낱말을 쓰세요.

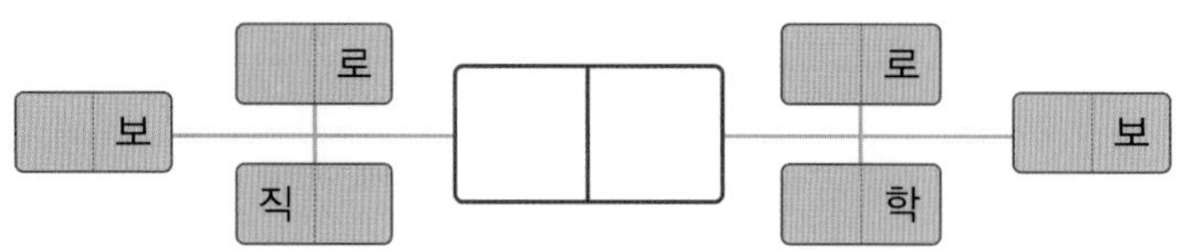

2 주어진 낱말을 넣어 문장을 완성하세요.

1) 퇴 로 보 — 뒤로 물러날 길을 □□라고 하고, 뒤로 물러서는 것을 □□라고 해요.

2) 퇴 학 직 — 학교를 그만두는 것을 □□, 직장을 그만두는 것을 □□이라고 하지요.

3) 전 진 전 — 포기하지 않고 계속 □□하다 보니 결과에 많은 □□이 있었어요.

3 문장에 어울리는 낱말을 골라 ○표 하세요.

1) 난 장래에 선생님이 되기로 (진보 / 진로)를 정했어.

2) 우리 반 반장은 학급 회의 (진행 / 진화)을(를) 참 매끄럽게 해.

3) 태클을 건 축구 선수는 레드 카드를 받고 (퇴장 / 퇴직) 당했다.

4 짝 지은 낱말의 관계가 [보기]와 다른 것을 고르세요. (　　)

보기	진로 – 퇴로

① 진보 – 퇴보　② 진행 – 퇴행

③ 직진 – 퇴직　④ 진화 – 퇴화

낱말밭 블록 맞추기

强 강할 강 弱 약할 약

_____월 _____일 / 정답 142쪽

강약 / 강자 / 약사 / 강대국 / 약소국 / 강화 / 약화 / 강세 / 약세 / 강점 / 약점 / 강풍 / 약풍 / 병약하다 / 강건하다 / 강매 / 강요 / 강압 / 강제 / 쇠약 / 허약 / 빈약 / 노약자

1 공통으로 들어갈 낱말을 쓰세요.

세, 력, 화 – [ ][ ] – 연, 쇠, 화

2 주어진 낱말을 넣어 문장을 완성하세요.

1) 약 / 강 자

힘이나 세력이 강한 사람은 [ ][ ], 힘이나 세력이 약한 사람은 [ ][ ]라고 해.

2) 약 / 강 화

세력이나 힘을 더 강하고 튼튼하게 하는 것은 [ ][ ], 세력이나 힘이 약해지는 것은 [ ][ ]야.

3) 강 제 / 요

억지로 하게 하는 것은 [ ][ ]이고, 억지로 요구하는 것은 [ ][ ]야.

3 문장에 어울리는 낱말을 골라 ○표 하세요.

1) 이 독서 감상문의 내용은 너무 (빈약 / 허약)해.

2) 지하철에서 (빈약자 / 노약자) 좌석은 비워 둬야 해.

3) 강점은 더 강화하고, 약점은 더 (강화 / 약화) 시켜야 해.

4 짝 지은 낱말의 관계가 [보기]와 다른 것을 고르세요. (　　)

보기	강자 – 약자

① 강풍 – 약풍　② 강대국 – 약소국　③ 강화 – 약화

④ 강압– 쇠약　⑤ 강세 – 약세

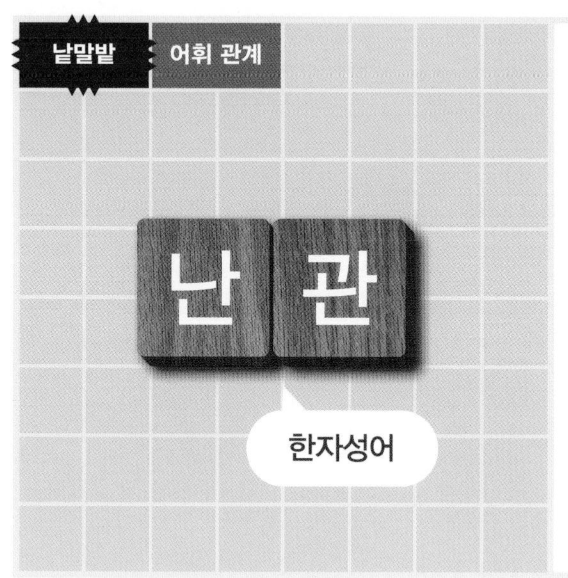

성공의 관건은 난관의 극복에 달렸어

난관은 '어려울 난(難)'에 '관문 관(關)'이 더해진 낱말로 본래 드나들기 어렵고 힘든 산 속에 있는 성문을 뜻했어요. 성문을 통과하기 위해서는 높고 험한 산을 올라야 했지요. 그래서 난관이라는 말은 험난한 곳을 들어가는 관문이라는 뜻으로, 어려운 고비라는 의미를 가져요. 어떤 일을 하기 위해 꼭 거쳐야 하는 것이라는 뜻도 있지요. 뜻이 숨어 있는 낱말을 좀 더 알아볼까요?

상황이나 분위기를 나타내는 말, 말, 말!

숙제를 해야 한다는 마음과 놀고 싶다는 마음 사이에서 갈등한 적은 없나요?

갈등은 '칡 갈(葛)' 자에 '등나무 등(藤)' 자가 더해진 낱말로, 칡과 등나무가 서로 얽히는 듯 서로 입장이나 생각이 뒤엉키는 것을 뜻해요.

관건은 문빗장과 열쇠라는 뜻으로 어떤 문제 해결의 가장 중요한 부분을 말해요.

고무는 '북 고(鼓)', '춤 출 무(舞)' 자로, 북을 치고 춤을 춘다는 뜻이 있어요. 북을 치고 춤을 추다 보면 신이 나고 힘도 나겠죠?

難 어려울 난	關 관문 관

어려운 고비 / 어떤 일을 하기 전에 꼭 거쳐야 하는 것

- **험난**(險험할 험 難)
  험해서 고생스러운 것
- **관문**(關 門문 문)
  국경이나 요새에 있는 성문
- **갈등**(葛칡 갈 藤등나무 등)
  칡과 등나무가 서로 얽히는 것처럼 서로 입장이나 생각이 뒤엉키는 것
- **관건**(關빗장 관 鍵열쇠 건)
  문제 해결의 가장 중요한 부분
- **고무**(鼓북 고 舞춤 출 무)
  북을 치고 춤을 춤 / 힘을 내게 격려하여 용기를 붇돋우는 것

그래서 힘을 내게 격려하여 용기를 분돋운다는 뜻을 가져요.
북을 치고 피리를 부는 것도 마찬가지예요. '북 고(鼓)', '불 취(吹)' 자가 쓰인 고취도 용기와 기운이 나게 하는 것을 의미해요.
반대로 난무는 어지럽게 마구 추는 춤이에요. 아무 때나 마구 춤을 추니까 함부로 나서서 마구 날뛴다는 뜻이로군요.
"이번 사고는 우리 사회에 경종을 울렸어."에서 경종은 비상사태를 알리는 종이에요. 시간이 지나면서 잘못된 일이나 위험한 일에 대해 경계하라는 주의를 뜻하게 되었지요.

움직임을 표현하는 말, 말, 말!

'일어날 기(起)', '엎드릴 복(伏)' 자가 합쳐진 기복은 일어났다가 엎드린다는 뜻이에요. 일어났다 엎드렸다 하니까 몸이 올라갔다 내려갔다 하겠죠? 그래서 기복은 '잘 되었다가 안 되었다 한다'는 뜻이에요.
이번 연극의 주인공이 무대에 등장했어요! 등장은 무대에 오르는 것이에요. 또 새로운 것이 처음 나올 때를 뜻하기도 해요.

궐기는 일어선다는 뜻의 두 한자가 더해진 말이에요. 자리에서 벌떡 일어난다는 뜻뿐만 아니라 어떤 목적을 이루기 위해 힘차게 일어난다는 뜻도 있어요.

고취(鼓 吹불 취)
북을 치고 피리를 붊 / 용기와 기운이 나게 함

난무(亂어지러울 난 舞)
어지럽게 마구 추는 춤 / 함부로 나서서 마구 날뜀

경종(警경계할 경 鐘쇠북 종)
비상사태를 알리는 종 / 잘못된 일이나 위험한 일에 대해 경계하라는 주의

기복(起일어날 기 伏엎드릴 복)
일어났다가 엎드림 / 잘되었다 안 되었다 함

등장(登오를 등 場무대 장)
무대에 오르는 것 / 새로운 상품이 처음 나올 때 / 소설이나 영화에 어떤 인물이 나올 때에 쓰는 말

궐기(蹶일어설 궐 起일어날 기)
자리에서 벌떡 일어남 / 어떤 목적을 이루기 위해 힘차게 일어남

험 고 무 관 문 궐 기 경 종 등 장
난 무 취 건 복

'우리나라 텃새를 망라한 동물도감', '속담을 망라한 사전'에서 망라(網羅)는 그물 망(網)과 그물 라(羅) 자로 만들어진 낱말로 '물고기나 새 등을 잡는 그물'이라는 뜻이에요.
그런데 보통은 '널리 빠짐없이 모으거나, 모두 휘몰아 넣어 포함시킨다'는 뜻을 나타날 때 쓰어요.

網 그물 망	羅 그물 라
물고기나 새 등을 잡는 그물 / 널리 빠짐없이 모음, 모두 휘몰아 넣음	

일상생활에서 자주 쓰이는 한자 성어

"배낭여행을 하려던 계획이 무산되었어."에서 무산은 안개 무(霧)와 흩어질 산(散) 자가 더해진 단어로 안개가 걷히듯 흩어져 없어지는 것을 말해요. 어떤 일이나 계획이 어그러져 이루어지지 않을 때 '무산되다'라고 하죠.
그럼 이렇게 일상생활에서 자주 쓰이는 한자 성어를 알아볼까요.

- **무산**(霧 안개 무 散 흩어질 산)
  안개가 걷히듯 흩어져 없어짐
- **분수령**
  (分 나눌 분 水 물 수 嶺 고개 령)
  물줄기가 여럿으로 나뉘는 고개나 산맥 / 앞일을 결정하는 때가 기회

분수령 : 나눌 분(分) + 물 수(水) + 고개 령(嶺)

물줄기가 여럿으로 나뉘는 고개나 산맥
앞일을 결정하는 때나 기회

무마 : 어루만질 무(撫) + 문지를 마(摩)

손으로 어루만짐. 문제가 될 만한 일을 어루만져 덮어 넘기는 것

봉기 : 벌 봉(蜂) + 일어날 기(起)

벌떼처럼 세차게 일어남. 사람들이 곳곳에서 일어나는 것

파행 : 절뚝발이 파(跛) + 갈 행(行)

절뚝거리며 걸어감. 일이 이상하게 진행되는 것

어려워 보이지만 많이 쓰는 한자 성어

나도 모르게 사용하고 있는 한자 성어도 많아요.

일축은 한 일(一) 자와 찰 축(蹴)을 더한 말로 '한 번에 찬다'는 뜻이에요.

보통 상대방의 의견이나 요구를 단번에 거절할 때 쓰여요.

출범은 날 출(出)에 돛 범(帆)이 만난 한자어로 '배가 돛을 달고 떠나는 것'을 말해요. 어떤 단체가 새로 생겨 일을 시작할 때 출범이란 말을 써요. 그런데 출범하는 배에 하자가 있으면 안 되겠죠? 하자는 티 하(瑕)에 흠 자(疵)를 더한 한자어로 흠이나 결점을 말해요. 사람이나 사물에서 모자라거나 잘못된 점이 있을 때 '하자가 있다'고 해요.

무마(撫어루만질 무 摩문지를 마)
손으로 어루만짐 / 문제가 될 만한 일을 어루만져 덮어 넘겨 버리는 것

봉기(蜂벌 봉 起일어날 기)
벌떼처럼 세차게 일어남 / 사람들이 곳곳에서 일어나는 것

파행(跛절뚝발이 파 行갈 행)
절뚝거리며 걸어감 / 일이 이상하게 진행되는 것

일축(一한 일 蹴찰 축)
한 번에 참 / 상대방의 의견이나 요구를 단번에 거절함

출범(出날 출 帆돛 범)
배가 돛을 달고 떠남 / 어떤 단체가 새로 생겨 일을 시작함

하자(瑕티 하 疵흠 자)
흠이나 결점 / 모자라거나 잘못된 점

난관

_____월 _____일 / 정답 142쪽

난관
험난
관문
갈등
관건
고무
고취
난무
경종
기복
등장
궐기

1 공통으로 들어갈 낱말을 쓰세요.

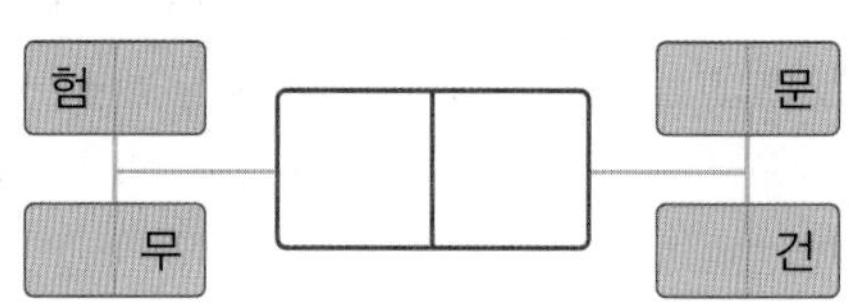

2 알맞은 한자 성어를 [보기]에서 찾아 쓰세요.

보기 갈등 고무 관문

1) 원래 국경이나 요새의 성문이라는 말로, 어떤 일을 하기 위해 꼭 거쳐야 하는 것을 ☐☐이라고 해.

2) 칡과 등나무가 서로 얽히는 것처럼 서로 입장이나 생각이 뒤엉키는 것은 ☐☐이야.

3) 북을 치고 춤을 춘다는 뜻으로 힘을 내게 격려하여 용기를 북돋울 때는 ☐☐시킨다는 말을 해.

3 문장에 어울리는 낱말을 골라 ○표 하세요.

1) 승현이는 수백 대 일의 (관문 / 관건)을 뚫고 연예인이 되었다.

2) 그는 감정의 (궐기/ 기복)가(이) 매우 심하다.

3) 요즈음에는 '힐링'이라는 주제가 방송에서 자주 (등장 / 고무)하고 있다.

4 낱말의 원래 뜻을 잘못 나타낸 것을 고르세요. (   )

① 등장– 무대에 오르는 것
② 고무 – 북을 치고 춤을 추는 것
③ 기복 – 일어났다가 엎드리는 것
④ 경종 – 비상사태를 알리는 종
⑤ 관건 – 국경이나 요새의 성문

망 라

망라 | 무산 | 분수령 | 무마 | 봉기 | 파행 | 일축 | 출범 | 하지

1 어떤 낱말에 대한 설명인지 쓰세요.

널리 빠짐없이 모으거나, 모두 휘몰아 넣어 포함시킴. → □□

2 주어진 낱말을 넣어 문장을 완성하세요.

1) 무 산 / 마

친구들과 배낭여행 가려던 계획이 □□ 되었어.

잘못한 일을 어설픈 사과로 □□ 하면 안 돼.

2) 파 행 / 봉 기

여야가 싸우느라 국회의 □□ 이 계속되고 있습니다. 참다못한 국민들이 □□ 하기 직전입니다.

3) 하 자 / 일 축

국회 의원들이 정부가 시행한 공사에 □□ 가 있는지 따져 물었어요. 하지만 정부에선 절대 있을 수 없는 일이라며 □□ 했어요.

3 문장에 어울리는 낱말을 골라 ○표 하세요.

1) 숙제에 필요한 정보를 (망라 / 봉기)한 사전은 없을까?

2) 환경을 고민하는 단체들이 모여 환경 연합을 (파행 / 출범)시켰대.

3) 전염병이 진정될지, 더 퍼질지 이번 주가 (분수령 / 무산)이 될 전망이래.

4 다음 중 밑줄 친 상황과 한자 성어가 잘못 연결된 것은? (　　)

① 친구들과의 모임이 없던 일로 된 걸 알았다. – 무산

② 우리 학교에 새로 야구부가 생겼다. – 출범

③ 새로 집을 지었는데 지붕에서 비가 샌다. – 파행

④ 친구가 같이 놀러 가자고 했는데 단번에 거절했다. – 일축

⑤ 나랏일이 엉망으로 돌아가자, 국민들이 곳곳에서 일어났다. – 봉기

중국 송나라 때 한 장수는 "임금께서는 백면서생만 데리고 일을 도모하니 참 큰일입니다." 하고 왕에게 건의했다고 해요.

이 이야기에서 유래한 고사성어 백면서생은 '집에만 틀어박혀 책만 읽어 세상일은 잘 모르는 사람'을 뜻해요.

고사성어는 옛날 이야기를 통해 그 말이 생겨났어요. 그럼 재미있는 고사성어를 알아볼까요?

인물을 표현하는 고사성어

군계일학은 닭 무리 속에 학 한 마리처럼 얼굴이 아름답거나 능력이 뛰어나 어디서든 눈에 띄일 때 쓰는 말이에요.

안하무인은 눈 아래 사람이 아무도 없는 것처럼 무례하고 버릇없이 행동하는 것이에요. 비슷한 말로 곁에 사람이 없는 것처럼 행동할 때 쓰는 말인 방약무인이 있어요.

또 가인박명은 아름다운 여자는 수명이 짧거나 운명이 기구하다는 뜻이에요.

오합지졸은 까마귀를 모아 놓은 듯 질서도 규율도 없는 병졸을 뜻해요.

百	面	書	生
흰 백	낯 면	글 서	날 생

집에만 틀어박혀 책만 읽어 세상일을 잘 모르는 사람

- **군계일학**(群무리 군 鷄닭 계 一한 일 鶴학 학)
  닭 무리 속에 학 한 마리
- **안하무인**(眼눈 안 下아래 하 無없을 무 人사람 인)
  눈 아래 사람이 아무도 없음
  ≒방약무인
- **가인박명**(佳아름다울 가 人 薄엷을 박 命목숨 명)
  아름다운 여자는 수명이 짧음
- **오합지졸**(烏까마귀 오 合합할 합 之~의 지 卒군사 졸)
  까마귀 떼를 모아 놓은 듯한 병졸
- **초미지급**(焦탈 초 眉눈썹 미 之 急급할 급)
  눈썹이 탈 정도로 급한 상태

배경이나 상황을 상상했을 때 재미있는 고사성어

"아이돌 스타를 보려면 눈썹에 불이 붙을 정도로 급히 뛰어야 해!" 눈썹이 탈 정도로 급한 상태를 나타내는 초미지급.
"우리 집은 공중에 떠 있어."
이렇게 현실성이 없는 헛된 것을 뜻하는 말은 공중누각.
기초가 약해서 무너지는 모래성처럼 오래 못 가는 것을 의미하는 사상누각.
"사람이 산을 이루고 바다를 이룰 만큼 많이 모여서 복잡해."
이럴 때는 인산인해.
앞이 보이지 않아 앞 일을 전혀 알 수 없을 때는 오리무중.
백척간두는 백 자나 되는 장대 위에 올라섰다는 뜻으로 몹시 위태로운 지경을 의미해요. 홀로 외로이 서 있어서 아무 도움을 받지 못하는 상태는 고립무원이에요.
앞으로 나아갈 수도 없고 뒤로 물러설 수도 없어요. 이러지도 저러지도 못하는 건 진퇴양난이에요. 비슷한 뜻으로 나아갈 수도 물러설 수도 없는 상태인 진퇴유곡이 있어요.
너무 어려워 삼십육계 줄행랑을 치고 싶다고요? 원래 삼십육계는 서른여섯 가지의 계책이라는 뜻으로, 도망칠 기회를 보고 무조건 도망간다는 의미이지요.

- **공중누각**(空빌 공 中가운데 중 樓다락 누 閣집 각)
  공중에 떠 있는 집
- **사상누각**
  (沙모래 사 上윗 상 樓閣)
  기초가 약한 모래 위 집
- **인산인해**
  (人 山산 산 人 海바다 해)
  사람이 산을 이루고 바다를 이룸
- **오리무중**(五다섯 오 里마을 리 霧안개 무 中)
  5리나 끼어 있는 안개 속
- **백척간두**(百일백 백 尺자 척 竿장대 간 頭머리 두)
  백 자나 되는 높은 대 위에 올라섬
- **고립무원**(孤외로울 고 立설 립 無없을 무 援도울 원)
  홀로 서 있어서 도움을 받지 못함
- **진퇴양난**(進나아갈 진 退물러날 퇴 兩두 양 難어려울 난)
  나아갈 수도 뒤로 물러설 수도 없음
- **진퇴유곡**
  (進退 維오직 유 谷골 곡)
  나아갈 수도 물러설 수도 없음
- **삼십육계**(三석 삼 十열 십 六여섯 육 計꾀 계)
  서른여섯 가지의 계책

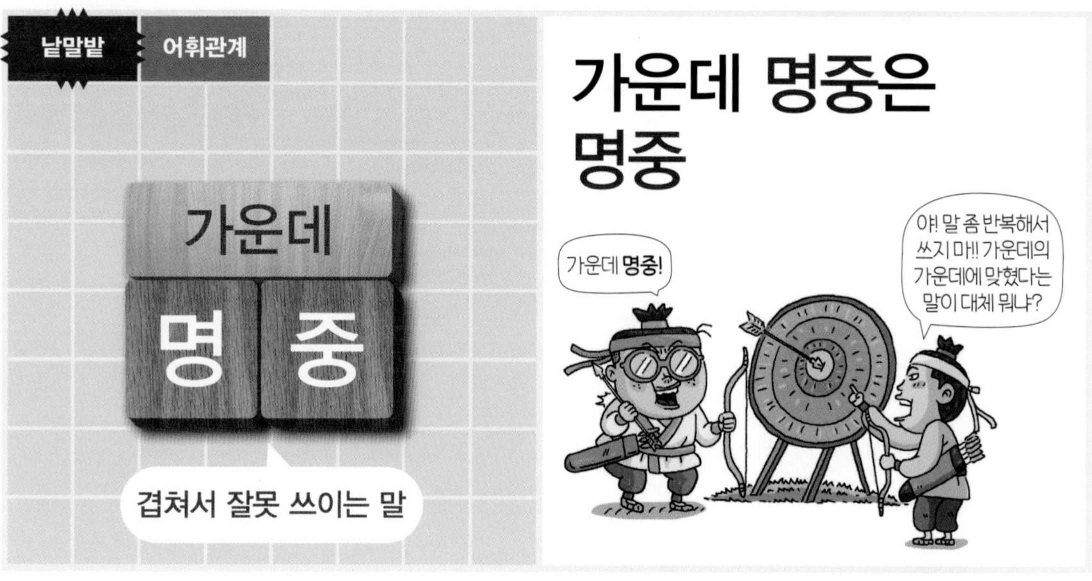

명중은 '목숨 명(命)', '가운데 중(中)'으로 이루어진 낱말로 '목숨(표적)의 가운데에 맞혔다'는 말이에요. 무심코 '가운데에 명중했다'고 말하기도 하는데, 명중에 이미 가운데라는 뜻이 있어서 '가운데의 가운데에 맞혔다'라는 말이 돼요. 이와 같은 경우처럼 겹쳐서 잘못 쓰이는 말을 좀 더 알아볼까요?

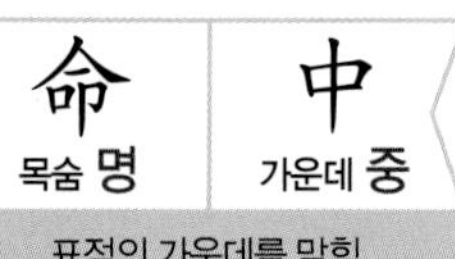

- **접근**(接이를 접 近가까울 근)
  가까이 다가감
- **양분**(兩두 양 分나눌 분)
  둘로 나눔

우리가 자주 겹쳐 쓰는 말, 말, 말!

접근이라는 말은 이를 접(接), 가까울 근(近)이 합쳐져 '가까이 다가가다'라는 말이에요. 그런데 가까이 접근했다고 말하는 바람에 '가까이 가까이 접근했다'가 되고 말았어요. 이런 경우는 '목표물에 접근했다' 또는 '목표물에 가까이 왔다'로 바꾸어 쓰는 것이 좋아요.

둘로 양분하다는 말에서 양분은 둘로 나눈다는 말이에요. 그러니 둘로 둘로 나눈다는 말이 되어 버렸네요. 이때는 양분하다, 둘로 나누다 이렇게 써야 바른 말이겠죠?

서로 상의한다는 말은 '상의하다', '서로 의논하다'로, 여백이 남다는 말은 '여백이 있다', '공간이 남다'로 써야 해요. 판이하게 다르다는 말도 판이에 완전히 다르다는 뜻이 있으니까 '판이하다', '완전히 다르다' 이렇게 써야 하지요. 그럼 간추려 요약하다는 말은? 바로 '간추리다', '요약하다'로 써야 하겠죠? 또 '차에 승차하세요'라는 말 들어 봤죠? 승차는 '차에 타다'라는 말이에요. 그러니까 '차에 타세요' 혹은 '승차하세요'라고 말하는 것이 좋아요.

겹쳐서 잘못 쓰이는 말 바르게 쓰기!

이렇게 겹쳐서 잘못 쓰이는 말이 많아요. 바르게 쓰는 법을 더 알아봐요.

잘못 쓰이는 말	바르게 쓰는 말
미리 예습하다	예습하다, 미리 익히다
앞으로 전진	전진하다, 앞으로 나가다
뒤로 후퇴	후퇴하다, 뒤로 물러나다
백발이 하얗다	백발이다, 머리털이 하얗다
왼쪽으로 좌회전	좌회전하다, 왼쪽으로 돌다
악순환이 되풀이되다	악순환이다, 나쁜 일이 되풀이되다
잘못 오해하다	오해하다, 잘못 이해하다

무심코 썼던 말들이 어법에 맞지 않는 말이었다니! 이제부터는 제대로 쓸 수 있겠죠?

- **상의**(相서로 상 議의논할 의) 서로 의논함
- **여백**(餘남을 여 白흰 백) 공간이 남음
- **판이**(判재판할 판 異다를 이) 완전히 다름
- **요약**(要간추릴 요 約묶을 약) 간추려 묶음
- **승차**(乘탈 승 車수레 차) 차에 탐
- **예습**(豫미리 예 習익힐 습) 미리 익힘
- **전진**(前앞 전 進나아갈 진) 앞으로 나감
- **후퇴**(後뒤 후 退물러날 퇴) 뒤로 물러감
- **백발**(白흰 백 髮터럭 발) 흰머리
- **좌회전**(左왼 좌 回돌 회 轉구를 전) 왼쪽으로 돎
- **악순환**(惡악할 악 循빙빙 돌 순 環돌 환) 나쁜 일이 되풀이 됨
- **오해**(誤잘못될 오 解이해할 해) 잘못 이해함

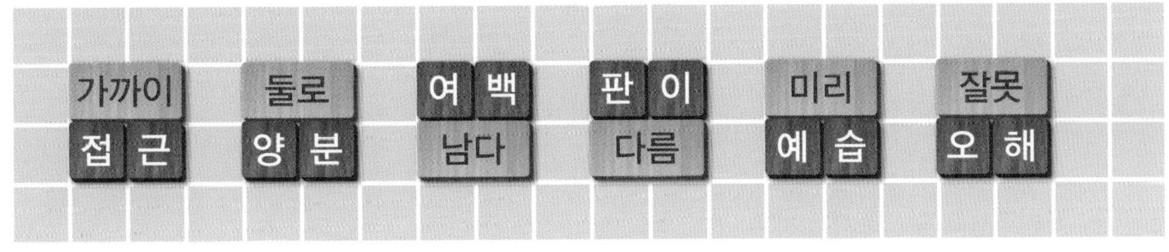

낱말밭 블록 맞추기

백 면 서 생

______월 ______일 / 정답 142쪽

백면서생
군계일학
안하무인
방약무인
가인박명
오합지졸
초미지급
공중누각
사상누각
인산인해
오리무중
백천간두
고립무원
진퇴양난
진퇴유곡
삼십육계

1 다음 설명에 해당하는 고사성어를 쓰세요.

글만 읽고 세상일에 전혀 경험이 없는 사람이라는 뜻 → ☐☐☐☐

2 [보기]에서 알맞은 한자 성어를 찾아 쓰세요.

보기	안하무인	가인박명	군계일학	초미지급	백척간두

1) 평범한 닭 무리 속의 학 한 마리는 ☐☐☐☐이야.

2) 눈썹이 탈 정도로 급한 상태는 ☐☐☐☐이라고 해.

3) 눈 아래 사람이 아무도 없는 것처럼 무례하고 버릇없이 행동하는 것은 ☐☐☐☐이에요.

4) 백 자나 되는 높은 장대 위에 올라서 있다는 것으로 몹시 어렵고 위태로운 지경은 ☐☐☐☐라고 해.

3 문장에 어울리는 낱말을 골라 ○표 하세요.

1) 저 아이들은 한마디로 (오합지졸 / 군계일학)이니 걱정하지 마.

2) 자, 모두 도망쳐라! (방약무인 / 삼십육계)(이)다!

3) 범인이 어디로 사라졌는지 (오리무중 / 백척간두)이다.

4 짝지은 어휘의 관계가 [보기]와 같은 것을 고르세요. (　　)

보기	진퇴양난 – 진퇴유곡

① 안하무인 – 방약무인

② 군계일학 – 백척간두

③ 오합지졸 – 삼십육계

④ 인산인해 – 고립무원

⑤ 가인박명 – 사상누각

1 [보기]와 같이 겹쳐서 잘못 쓰이는 말을 바르게 고쳐 쓰세요.

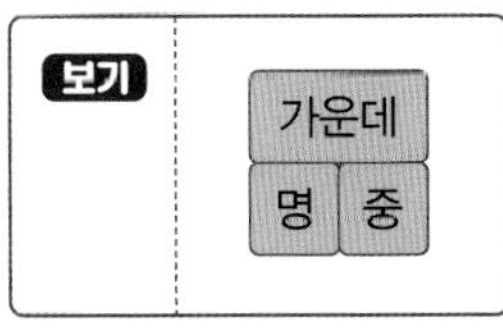

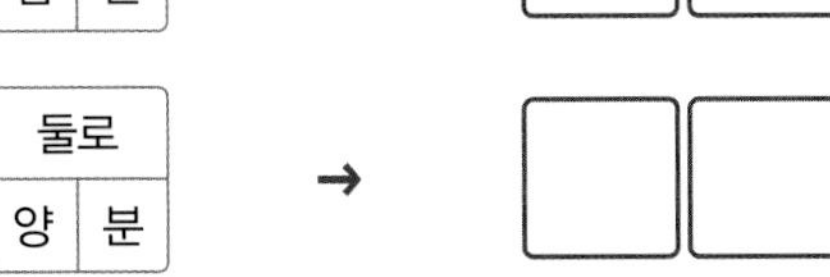

2 주어진 낱말을 넣어 문장을 완성하세요.

1) 차에 / 승 차 — ☐☐는 '차에 타다'이기 때문에 '차에 타다' 혹은 '승차하다'라고 하는 게 좋아.

2) 미리 / 예 습 — 예습은 '미리 익히는 것'이라는 뜻이기 때문에 '미리'를 빼고 ☐☐하다라고 해야 되지요.

3 문장에 어울리는 낱말을 골라 ○표 하세요.

1) 병사들은 앞으로 (전진하라 / 나아가라)!

2) 스스로의 잘못을 (인정 / 자각)하는 것이 중요하다.

3) 왼쪽으로 (좌회전하면 / 돌면) 병원입니다.

4) 다시는 악순환이 (되지 / 되풀이되지) 않도록 우리 모두 노력해야 합니다.

4 짝 지은 어휘의 관계가 [보기]와 다른 것을 고르세요. (　　)

보기	하얀 백발 – 백발

① 둘로 양분 – 양분　② 가까이 근접 – 근접　③ 스스로 자각 – 자각

④ 뒤로 후퇴 – 후퇴　⑤ 먼 나라 나라

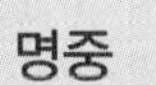

접근

양분

상의

여백

판이

요약

승차

예습

전진

후퇴

백발

좌회전

악순환

오해

	1)						6)		7)
					4)	5)			
	2)								
3)									
		10)			15)				
				14)					
8)	9)								
					16)				
	11)			12)			17)		
				13)					

정답 | 142쪽

가로 열쇠

1) 질서도 규율도 없는 병졸이나 군중을 뜻하는 사자성어 "병사는 많았지만 ○○○○에 불과했다."
2) 안개가 걷히듯 흩어져 없어진다는 뜻의 한자 성어
3) 표적의 가운데를 맞힘. "화살이 과녁에 ○○했다."
4) 늙거나 약한 사람
6) 강하고 영토가 넓어 힘이 센 나라. ○○○ ↔ 약소국
8) 근대에 생겨난 산업
11) 많은 사람들이 시가에서 행진하는 일
13) 뒤로 물러날 길. "적군이 에워싸 ○○가 모두 막혔다."
14) 잘라내서 끊어진 면
16) 낳거나 만드는 것
17) 끝까지 차오른 상태. "이야기가 ○○으로 치달았다."

세로 열쇠

1) 도대체 앞이 보이지 않아 앞으로의 일을 전혀 알 수 없다는 뜻의 사자성어
5) 약한 세력이나 기세. 강세 ↔ ○○
6) 힘이나 세력이 강한 사람. ○○ ↔ 약자
7) 나라 안에서 만들어진 것
9) 지역이 좁고 작은 도시는 소도시, 지역이 넓고 큰 도시는 ○○○
10) 움직이지 못하는 재산. 땅, 건물 등
12) 앞으로 나아가고 뒤로 물러남. ○○양난, ○○유곡
15) 얼굴이 하얀 서생. 글만 읽어 세상일에 어둡고 물정을 잘 모르는 사람을 일컫는 사자성어
17) 비할 데 없이 아주 묘한 것. "아주 ○○한 표현이야."

2장

한밤중엔 통행금지

통행(通行)은 지나서 가는 거예요. '통행금지'는 지나갈 수 없다는 뜻이고요. 이렇게 행(行)은 어디론가 '가다'라는 뜻이에요. 걸어서 가는 것은 보행, 제비처럼 날아서 가는 것은 비행, 빨리 가는 것은 급행, 느리게 가는 것은 완행이지요.

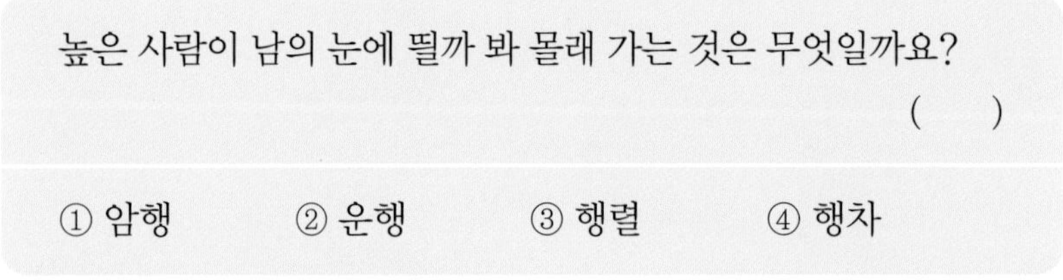
높은 사람이 남의 눈에 띌까 봐 몰래 가는 것은 무엇일까요? (   )

① 암행 ② 운행 ③ 행렬 ④ 행차

정답은 ①번 암행(暗行)이에요. '암행어사'는 몰래 다니며 임금의 명령을 수행하는 사람이죠. 운행은 정해진 길을 따라 운전해서 가는 것이에요. 행차(行次)는 줄을 지어서 간다는 뜻이에요. 임금님처럼 높은 사람에게 쓰는 말로, 몰래 간다는 뜻은 없어요. 행차할 때는 신하들과 호위 무사들의 '행렬'이 뒤따랐어요. 행렬(行列)은 여럿이 줄을 지어서 가는 것이지요.

行 갈 행

- **통행**(通 지날 통 行)
  지나서 감
- **보행**(步 걸을 보 行)
  걸어서 감
- **비행**(飛 날 비 行)
  날아서 감
- **급행**(急 빠를 급 行)
  빨리 감
- **완행**(緩 느릴 완 行)
  느리게 감
- **암행**(暗 몰래 암 行)
  몰래 감
- **운행**(運 운전 운 行)
  운전하여 감
- **행차**(行 次 진영 차)
  진영을 갖추어 줄지어 감
- **행렬**(行 列 줄 열)
  줄지어 감

행방(行方)은 '간 곳'이에요. 행방을 알 수 없을 때 '행방이 묘연하다'고 하지요. 이 말은, 즉 행방불명과 같은 말이에요.
앞으로 나아가는 것을 진행(進行)이라고 해요. 일이 앞으로 나아가는 것도 진행, TV 프로그램이나 회의도 진행한다고 말해요. 이때 '진행'은 일을 처리한다는 뜻이지요.

'바다와 평행한 도로?' 길과 해안이 나란히 가고 있다는 말이에요. 평행(平行)은 나란히 간다는 뜻이에요. 평행한 길은 서로 만나지 못해요. 그래서 서로 대립하여 합의점을 찾지 못할 때도 평행선을 달린다고 해요.
거북이가 토끼를 설득하여 용궁으로 함께 간다면 동행(同行)하는 거예요. 함께 간다는 뜻의 동행은 같이 가는 사람을 뜻하기도 해요. 토끼는 거북이의 '동행'이 되는 거죠.

그럼 '동행'과 바꿔 쓸 수 있는 말은 무엇일까요? (　　)

① 일행　　② 평행　　③ 발행　　④ 간행

정답은 ①번 일행입니다. 일행은 같이 가는 무리를 일컫기도 해요. 그러니까 같이 가는 사람이 여럿이면 '일행'이라고 표현해야 합니다.
책이나 잡지, 화폐, 복권이 세상으로 나가는 것은 발행이라고 해요. '펴내어 가게 하다'라는 뜻이지요. 비슷한 말은 간행입니다. 인쇄하여 발행한다는 뜻이지요.

- **행방**(行 方방향 방)
  간 방향, 간 곳
- **행방불명**
  (行方 不아니 불 明뚜렷할 명)
  행방이 뚜렷하지 않음

행방이 묘연하다
묘연(杳아득할 묘 然그럴 연)은 '아득한 상태'라는 뜻이에요. 그러니까 행방을 알 수 없다는 말이죠.

- **진행**(進나아갈 진 行)
  앞으로 나아감, 일을 처리함
- **평행**(平나란할 평 行)
  나란히 감
- **평행선**(平行 線선 선)
  평행한 선
- **평행선(平行線)을 달리다**
  서로 대립하여 합의점을 찾지 못하다
- **동행**(同함께 동 行)
  함께 감 / 같이 가는 사람
- **일행**(一같을 일 行)
  같이 가는 무리
- **발행**(發낼 발 行)
  책이나 잡지, 화폐, 복권이 세상으로 나가는 것
- **간행**(刊인쇄할 간 行)
  인쇄하여 발행함

사람들 사이에서 널리 퍼져 돌아다니는 것은 유행(流行)이라고 해요. 머리 모양, 옷뿐 아니라 질병도 유행할 수 있어요. 특히 전염이 되어 널리 퍼지는 성질을 가진 질병 앞에는 유행성이라는 말이 붙지요. '유행성 결막염', '유행성 출혈열' 이런 식으로요.

유행이 아주 심해지면 성행(盛行)이라고 해요. 성행은 주로 '과소비 성행'과 같은 부정적인 표현에 많이 쓰여요.

행(行)은 이렇게 '움직이다, 돌아다니다'의 뜻을 나타내요.

자, 빈칸을 채우면서 어떤 낱말이 만들어지는지 볼까요?

여기저기 돌아다니면서 장사하는 사람은 □상,

한자리에 있지 않고 여기저기 돌아다니는 천체는 □성,

한편 나그네가 되어 여기저기 돌아다니는 것은 여□이지요.

빈칸을 채우면 행상, 행성, 여행이 됩니다.

돌아다닌 것을 적은 글은 기행문(紀行文)입니다. 돌아다니면서 보고, 듣고, 느끼고, 체험한 것을 적은 것이지요.

그럼 나쁜 짓을 하고 돌아다니는 것을 뭐라고 할까요?

( )

① 행패 ② 마패 ③ 승패

정답은 ①번 행패(行悖)입니다. '행패'를 일삼으면 안 돼요.

行 돌아다닐 행

- **유행**(流 퍼질 유 行)
  널리 퍼져 돌아다님
- **성행**(盛 왕성할 성 行)
  유행이 아주 심함
- **행상**(行 商 상인 상)
  돌아다니며 장사하는 사람
- **행성**(行 星 별 성)
  한군데 있지 않고 돌아다니는 별
- **여행**(旅 나그네 여 行)
  나그네가 되어 여기저기 돌아다님
- **기행문**
  (紀 적을 기 行 文 글 문)
  돌아다니면서 보고, 듣고, 느끼고, 체험한 것을 글로 적은 것
- **행패**(行悖 나쁜 짓 패)
  나쁜 짓을 하고 돌아다님

대행(代行)은 대신한다는 거예요. 하지만 저렇게 남의 숙제를 대신해 주면 안 되죠. 이처럼 행(行)은 '어떤 일을 하다'라는 뜻이에요.

컴퓨터가 명령에 따라 실제로 프로그램을 작동하는 것은 실행(實行), 국가의 정책이나 법 등은 집행(執行)한다고 해요. '집행'은 일을 다잡아서 행하여 누구에게나 엄하게 적용한다는 말이에요. 그럼 '집행'과 뜻이 가장 비슷한 말은 무엇일까요?

답은 시행이에요. 시행은 누구에게나 적용되도록 널리 행한다는 뜻이에요. 행정(行政)은 사무적이거나 정치적인 일로, 행정부는 나라 사무를 행하는 부서를 뜻해요. 거행(擧行)은 의식이나 명령을 받들어 실행한다는 뜻이에요.

실행이든 집행이든 모두 어떤 '행위'를 하는 것입니다. 행위는 '하고자 하는 짓'입니다. 즉 의지를 가지고 행하는 것이지요.

품성과 행위는 품□, 실제로 행하여 드러나는 행위는 □실, 효성스러운 행위는 효□, 착한 행위는 선□이에요.

완성된 낱말은 품행, 행실, 효행, 선행이에요.

行 할 행

- **대행**(代대신할 대 行)
  대신함
- **실행**(實실제 실 行)
  실제로 함
- **집행**(執잡을 집 行)
  일을 다잡아서 행함
- **시행**(施널리할 시 行)
  널리 행함
- **행정**(行 政정사 정)
  사무적이고 정치적인 일
- **행정부**(行政 府부서 부)
  나라의 사무를 행하는 부서
- **거행**(擧들 거 行)
  받들어 함
- **행위**(行 爲할 위)
  의지를 갖고 행하는 것
- **품행**(品품성 품 行)
  품성과 행위
- **행실**(行 實실제 실)
  실제로 행하여 드러내는 행위
- **효행**(孝효도 효 行)
  효성스러운 행위
- **선행**(善착할 선 行)
  착한 행위

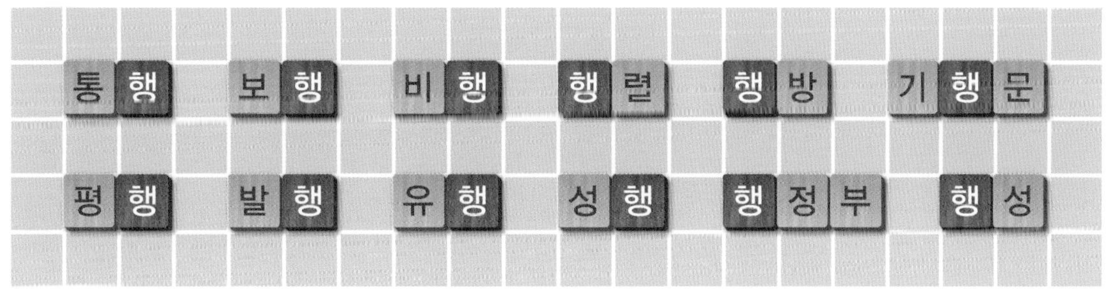

씨글자
블록 맞추기

- 통행
- 보행
- 비행
- 급행
- 완행
- 암행
- 운행
- 행차
- 행렬
- 행방
- 행방불명
- 행방이 묘연하다
- 진행
- 평행
- 평행선
- 평행선을 달리다
- 동행
- 일행
- 발행
- 간행

1 공통으로 들어갈 한자를 따라 쓰세요.

2 어떤 낱말에 대한 설명인지 쓰세요.

1) 여럿이 줄지어 감 → ☐☐

2) 사무적이고 정치적인 일 → ☐☐

3) 여기저기 돌아다니며 장사를 하는 사람 → ☐☐

4) 나쁜 짓을 하고 돌아다님 → ☐☐

5) 서로 대립하여 합의점을 찾지 못함 → ☐☐☐을 달리다.

3 알맞은 낱말을 찾아 문장을 완성하세요.

1) 이 잡지는 며칠 전에 ☐☐된 신간이야.

2) 빨리 가야 하는데 하필 ☐☐ 열차를 탔지 뭐야.

3) 그 집 아이는 아주 ☐☐이 바르던데. 교육을 잘 받은 모양이야.

4) 이건 요즘 ☐☐하는 최신 가요야.

5) 일이 차질 없이 순조롭게 ☐☐되는 걸 보니 마음이 뿌듯해.

4 **문장에 어울리는 낱말을 골라 ○표 하세요.**

1) 요즘 좀도둑이 (성행 / 통행)하고 있대.

2) 학교 옆 골목길은 공사로 인해 (통행 / 행렬)금지야.

3) 여행사에서는 비행기 표와 호텔의 예약을 (거행 / 대행)해 주고 있어.

4) 임금님의 명을 받들어 예식을 (품행 / 거행)하겠습니다.

5) 이 법은 국회에서 통과되어 내년부터 (시행 / 선행)된대.

5 **그림을 보고, 공통으로 들어갈 낱말을 쓰세요.**

□

6 **그림을 보고, 알맞은 낱말을 쓰세요.**

□□

유행
성행
행상
행성
여행
기행문
행패
대행
실행
집행
시행
행정
행정부
거행
행위
품행
행실
효행
선행

불의 별은 화성, 흙의 별은 토성

큰일 났어요! 외계인들이 쳐들어왔어요! 저기 보이는 별에서 왔나 봐요. 저 별은 불의 별이라고 해서 화성(火星)이라고 해요.

빈칸에 알맞은 글자를 채워 볼까요?
금(金)처럼 노랗게 빛나는 별은 금□,
나무(木)의 별은 목□,
흙(土)의 별은 토□.
우주에서 반짝반짝 빛나는 별을 한자로는 성(星)이라고 해요.
빈칸에는 별을 뜻하는 '성' 자가 들어갑니다.
그런데 우리가 살고 있는 지구는 별일까요?
우주에 있더라도 빛나지 않으면 별이 아니에요. 지구는 태양빛을 반사해 빛을 내고 있어요. 그래서 지구는 별이 아니에요. 지구(地球)는 둥근 공처럼 생긴 땅이란 뜻이에요.

星	별 성

- **별**
  우주에서 스스로 빛을 내는 천체
- **화성**(火불 화 星)
  불의 별
- **금성**(金쇠 금 星)
  금처럼 노란 별
- **목성**(木나무 목 星)
  나무의 별
- **토성**(土흙 토 星)
  흙의 별
- **지구**(地땅 지 球공 구)
  둥근 공처럼 생긴 땅

별에도 여러 가지 종류가 있어요. 태양처럼 항상 같은 자리에 머물러 있는 별은 항성(恒星), 지구처럼 항성의 주위를 돌며 여행하는 별은 행성(行星)이라고 해요.

다음 별들의 이름은 무엇일까요?

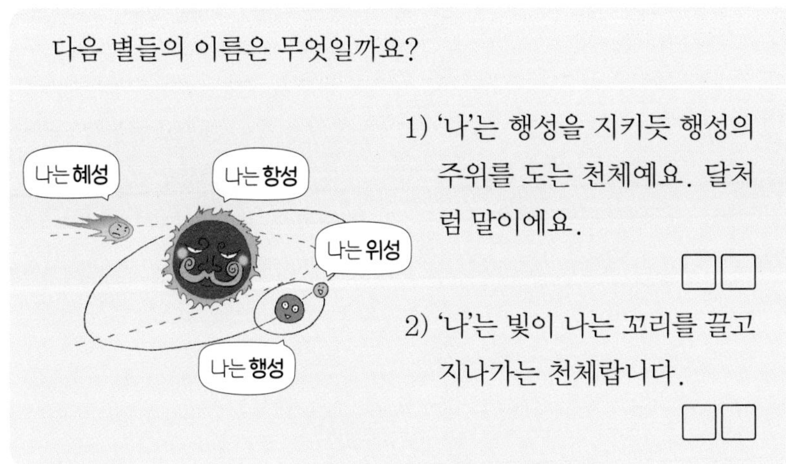

1) '나'는 행성을 지키듯 행성의 주위를 도는 천체예요. 달처럼 말이에요. □□

2) '나'는 빛이 나는 꼬리를 끌고 지나가는 천체랍니다. □□

정답은 1) 위성, 2) 혜성이랍니다. 이 별들은 우리말 이름도 있어요. 알아볼까요? 항성은 제자리에 붙박여 있다고 해서 붙박이별이라고 해요. 행성은 떠돌아다니는 천체라는 뜻으로 떠돌이별이라고 해요. 또, 새벽별이라는 뜻의 효성은 샛별이라고 해요.

별의 한자 이름과 우리말 이름을 연결해 보세요.

1) 혜성(彗星) • • 별똥별
2) 유성(流星) • • 샛별
3) 효성(曉星) • • 꼬리별

정답은 1) 꼬리별, 2) 별똥별, 3) 샛별이에요.
화성은 위성을 2개나 갖고 있어요. 미국항공우주국(NASA)에 따르면 토성에는 위성이 47개, 목성에는 63개나 있대요! 지구에는 위성이 달 하나밖에 없어요. 대신 수백 개가 넘는 인공위성을 갖고 있지요. 인공위성이란 '사람이 만든 위성'을 말해요.

항성(恒항상 항 星)
항상 같은 자리에 머물러 있는 별 = 붙박이별

행성(行갈 행 星)
항성의 주위를 돌며 여행하는 별 = 떠돌이별

위성(衛지킬 위 星)
행성의 주위를 도는 별

혜성(彗꼬리별 혜 星)
꼬리를 달고 움직이는 별 = 꼬리별

효성(曉새벽 효 星)
새벽에 맨 처음 보이는 별 = 샛별

유성(流흐를 유 星)
지구의 대기권 안으로 들어와 흘러내리듯 떨어지는 별 = 별똥별

인공위성
(人사람 인 工만들 공 衛星)
사람이 만든 위성

화성

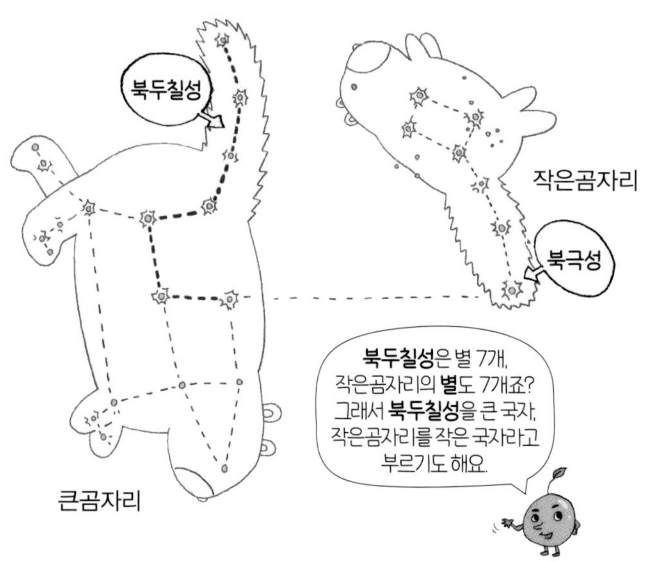

- **성좌**(星 座자리 좌)
별의 위치를 정하기 위하여 밤하늘을 몇 부분으로 나눈 것
= 별자리
- **북두칠성**(北북 북 斗별이름 두 七일곱 칠 星)
큰곰자리에서 가장 뚜렷하게 보이는 국자 모양의 7개 별
- **북극성**(北 極끝 극 星)
북쪽 가장 끝에 있는 별
- **삼태성**(三석 삼 台별 태 星)
상태, 중태, 하태 세 쌍의 별

와, 저기 보이는 별들은 곰처럼 생겼네요? 이제부터 하늘에서 곰을 찾아보면 저 별들이 어디 있는지를 알 수 있겠군요.

하늘에서 별이 있는 자리를 몇 부분으로 나누어 놓은 것을 무엇이라고 할까요? (　　)

① 별세계　　② 별자리　　③ 별시계

정답은 ② 별자리, 한자로는 성좌(星座)라고 해요. 큰곰자리 안에는 여러 별이 있어요. 그중 국자처럼 생긴 가장 밝은 7개의 별을 북두칠성이라고 하지요. 작은곰자리의 꼬리에서 가장 밝게 빛나는 별은 북극성이라고 해요. '북쪽의 끝에 있는 별'이라는 뜻이에요.

큰곰자리의 발 부분에 있는 세 쌍의 별 이름은 삼태성이에요. 상태, 중태, 하태 세 쌍의 별 여섯 개를 말하죠.

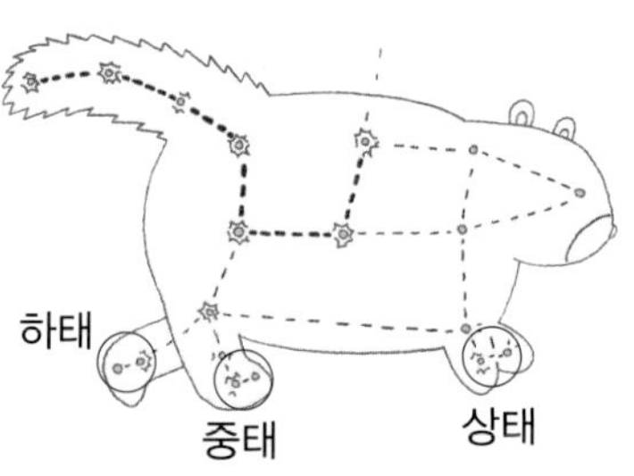

천문학에서 말하는 별
보통 빛이 보이는 우주의 천체를 별이라고 부르지만, 천문학에서는 스스로 빛을 내는 항성만 별이라고 해요. 항성의 빛을 반사하여 빛나는 행성과 위성, 혜성은 별이라고 부르지 않아요.

박명수 아저씨가 별처럼 빛나고 있어요! 빈칸에 들어갈 말은 무엇일까요? (   )

① 인(人) ② 성(星) ③ 물(物)

정답은 ② 성(星)이에요. 거성이란 '클 거(巨)'에 별 성(星)을 써서 '큰 별'이라는 뜻이지요. 이처럼 별은 아주 뛰어난 사람이나 유명한 사람을 뜻하기도 해요. 영어로는 스타(star)라고 하죠!
자, 이런 뜻으로 쓰인 다른 낱말을 살펴볼까요?
혜성은 사라졌다가 수년 만에 나타나곤 해서 사람들을 깜짝 놀라게 해요. 그래서 혜성은 갑자기 나타난 뛰어난 사람을 말해요.
샛별은 새벽에 보이는 별, 새로운 별이라고 했죠? 따라서 샛별은 새롭게 나타나 나중에 크게 발전할 사람을 말해요.

별 STAR

- **별**(스타)
  높은 인기를 얻고 있는 연예인이나 운동선수
- **거성**(巨 클 거 星)
  큰 별 / 어떤 방면의 뛰어난 인물
- **혜성**(彗 꼬리별 혜 星)
  갑자기 나타난 뛰어난 사람
  예 혜성처럼 나타난 신인 가수
- **샛별**
  새롭게 나타나 나중에 크게 발전할 사람
  예 가요계의 샛별!

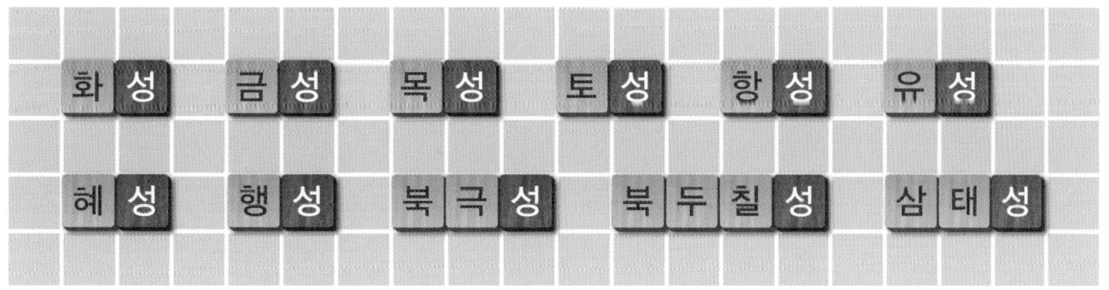

씨글자 블록 맞추기

星 별 성

별
화성
금성
목성
토성
지구
항성
행성
위성
인공위성

① 공통으로 들어갈 한자를 따라 쓰세요.

화 | 북 두 칠 | 혜 — 星 (별 성) — 좌 | 북 극 | 거

② 어떤 낱말에 대한 설명인지 쓰세요.

1) 항상 같은 자리에 머물러 있는 별, 붙박이별 → ☐☐
2) 흙의 별 → ☐☐
3) 지구의 대기권 안으로 들어와 흘러내리듯 떨어지는 별, 별똥별 → ☐☐
4) 행성 주위를 도는 별 → ☐☐
5) 갑자기 나타난 뛰어난 사람 → ☐☐

③ 알맞은 낱말을 찾아 문장을 완성하세요.

1) 밤하늘에 떨어지는 ☐☐을 보며 소원을 빌었어.
2) 불이 타는 것처럼 붉은 행성 ☐☐에 물이 흘렀던 흔적이 있대.
3) ☐☐은 긴 꼬리를 남기며 밤하늘을 지나갔어.
4) 사막에서 밤에 길을 잃으면 ☐☐☐을 찾으면 된대.
5) 박명수 아저씨는 자칭 개그계의 큰 별, ☐☐이래.

4 **문장에 어울리는 낱말을 골라 ○표 하세요.**

1) 지구는 태양 주위를 여행하는 (행성 / 항성)이야.

2) 달은 지구 주위를 돌고 있는 (목성 / 위성)이지.

3) 새벽에 맨 처음 보이는 별은 (혜성 / 효성)이란다.

4) 지구의 위성은 하나밖에 없지만, (북두칠성 / 인공위성)은 수백 개가 넘어.

5 **그림을 보고, 빈칸에 들어갈 말을 순서대로 써 넣으세요.**

1) □□, 2) □□

6 **그림을 보고, '나'는 누구인지 쓰세요.**

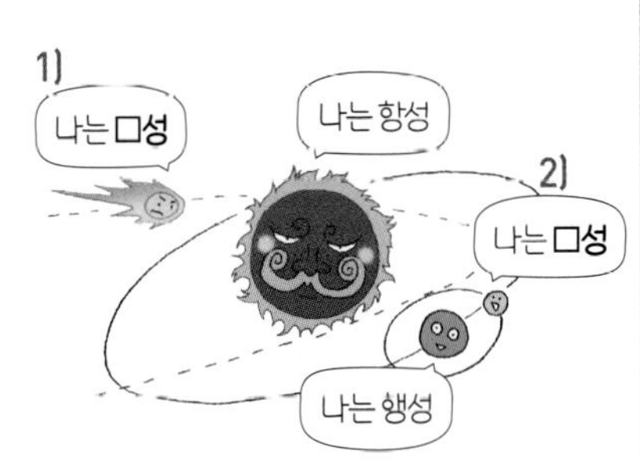

1) '나'는 빛이 나는 꼬리를 끌고 지나가는 천체랍니다.
내 이름은 □□이에요.

2) '나'는 행성을 지키듯 행성의 주위를 도는 천체예요. 달처럼요.
내 이름은 □□이에요.

효성
유성
혜성
성좌
북두칠성
북극성
삼태성
별(스타)
거성
혜성
샛별

선(選)은 골라서 뽑는 것이에요. 어떤 분야에서 잘해서 뽑힌 사람을 선수(選手)라고 하죠. 선수가 되면, 각종 선수권 대회에 나갈 수 있어요. 선수권이란 경기에서 우승한 선수에게 주는 자격이에요.

이 선수권 대회에 출전하는 선수들을 모두 합해서 선수단이라고 해요. 올림픽에 나가는 선수들이 모이면 올림픽 선수단, 월드컵에 나갈 선수들이 모이면 월드컵 선수단이죠.

그럼 선수들이 모여 집단으로 먹고 자고 훈련하는 곳은 어디일까요? (   )

① 민속촌 ② 선수장 ③ 선수집 ④ 선수촌

정답은 ④번이에요. '마을 촌(村)'을 붙여, 선수촌이라고 해요. 태릉 선수촌 알죠?

선수를 뽑는 것을 선발이라고 해요. 선발은 가려 뽑는 것을 말해요. 태권도 대표 선발 대회가 그런 거죠.

 **뽑을 선**

- **선수**(選 手사람 수)
  잘해서 뽑힌 사람
- **선수권**(選 手 權자격 권)
  경기에서 우승한 선수에게 주는 자격
- **선수단**(選 手 團모일 단)
  선수들의 모임
- **선수촌**(選 手 村마을 촌)
  선수들이 집단으로 먹고 자고 훈련할 수 있게 해 놓은 마을
- **선발**(選 拔뽑을 발)
  가려 뽑음

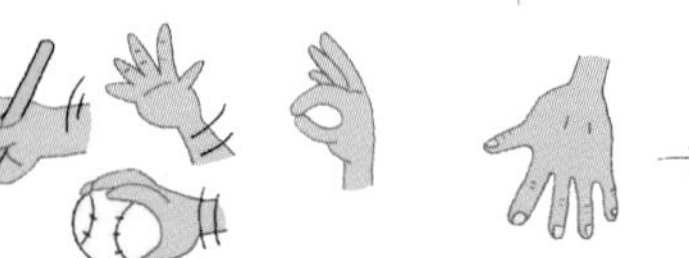

사람의 손은 다양한 일을 할 수 있죠. 그래서 '손 수(手)'는 '재주 있는 사람'이란 뜻으로도 쓰여요.

흙을 넣으면, 굵기에 따라 모래와 자갈을 자동으로 나눠 주는 기계예요. 이렇게 가려서 나누는 것을 선별이라고 해요. 선별해 주는 기계니까 선별기죠.

좋아하는 노래들을 고를 때는 선곡한다고 해요. 선곡은 일정한 기준으로 노래를 고르는 거예요. 예를 들어 동요 100선이라면, 동요 가운데 100곡을 골라 뽑았다는 말이죠. 이렇게 뽑아서 모아 놓은 것을 선집이라고 해요.

다음 빈칸을 채워 보세요.

유명한 곡들을 뽑아 모은 것은 명곡 □□,

유명한 시들을 뽑아 모은 것은 명시 □□,

유명한 작품들을 뽑아 모은 것은 명작 □□.

빈칸에는 모두 '선집'이 들어갑니다. 선집에는 사람들의 선호도가 높은 것을 모아 놓겠죠? 선호도는 무언가를 좋아하는 정도를 말해요.

선호도에 따라 뽑지 않고, 정해진 기준에 따라 엄격하고 공정하게 가려 뽑는 것은 엄선이라고 해요. 대회에서는 입선이나 특선 작품을 엄선해야겠지요? 일정한 심사 기준에 들면 입선, 그중에서 특별히 우수해서 뽑은 작품은 특선이라고 해요.

선구안은 공을 가려내는 능력을 말해요. 야구에서, 타자가 투수의 공이 볼인지 스트라이크인지를 판단하는 능력이지요. 야구공이 아니라, 다른 무엇인가를 잘 골라낼 때도 '선구안이 좋다'라는 말을 씁니다.

- **선별**(選 別나눌 별)
  가려서 나눔
- **선별기**(選別 器도구 기)
  선별해 주는 기구
- **선곡**(選 曲노래 곡)
  노래를 골라 뽑음
- **선집**(選 集모을 집)
  뽑아서 모아 놓은 것
- **선호도**
  (選 好좋아할 호 度정도 도)
  좋아하는 정도
- **엄선**(嚴엄할 엄 選)
  엄격하고 공정하게 가려 뽑음
- **입선**(入들 입 選)
  심사에서 일정한 기준에 듦
- **특선**(特특별할 특 選)
  특별히 뽑은 작품
- **선구안**(選 球공 구 眼눈 안)
  공을 가려내는 눈

결선과 결승

결선(決정할 결 選)은 우승자를 가리는 최종 심사 단계, 또는 최종 경기를 말해요. 결승(決勝이길 승)은 결선의 한 방식으로, 마지막 두 사람(팀) 중 승자를 가리는 경기예요.

진짜로 이렇게 인선을 하면 안 되겠지요?

인선(人選)은 여러 사람 가운데서 어떤 일에 알맞은 사람을 가려 뽑는 것을 말해요. 그리고 여러 보기 중에서 고르는 것은 선다라고 해요. 보기 중에서 맞는 답을 골라내는 문제 형태를 선다형 문제라고 하죠.

위 그림처럼 보기가 4개면, 나뭇가지를 나타내는 '가지 지(枝)' 자를 써서 사지선다라고 해요.

고를 답이 5개면? 당연히 오지선다겠죠. 시험 볼 땐, 답을 모르더라도 어쨌든 하나를 답으로 정해야겠지요?

일을 맡아할 사람을 뽑는 것을 선임이라고도 해요. 임명한다는 말과 같은 뜻이지요.

여럿 중에서 골라 뽑는 것은 선택이에요.

취사선택이라는 말도 있어요. '취사'는 버리거나 가진다는 말이에요. 취사선택은 어떤 것을 버리고 어떤 것을 가질지 선택한다는 말이죠.

選 뽑을 선

- **인선**(人사람 인 選)
  사람을 가려 뽑음
- **선다**(選 多많을 다)
  여럿 중에서 고름
- **선다형**(選多 型형식 형)
  여러 보기 중에서 답을 골라내는 문제 형태
- **사지선다**
  (四넷 사 枝가지 지 選多)
  네 개의 보기 중에서 답을 고르는 문제
- **선임**(選 任맡길 임)
  일을 맡아할 사람을 뽑음
- **선택**(選 擇택할 택)
  여럿 중에서 골라 뽑음
- **취사선택**
  (取가질 취 捨버릴 사 選擇)
  버릴 것과 가질 것을 선택함

학교에서 매년 전교 회장 선거를 하죠? 선거는 전체를 위해서 일할 사람을 뽑는 행사입니다.
당선사례는 선거에서 뽑힌 사람이 자기를 뽑아 준 데 대해 감사함을 표현한 인사입니다.
선거에서 뽑힌 것을 당선이라고 하고, 뽑힌 사람을 당선자라고 해요.
선거에서 떨어진 것은 낙선했다고 하고요.

학생 회장은 한 번밖에 할 수 없지만, 국회 의원은 여러 번 할 수 있어요. 아래 그림의 빈칸에 들어갈 말이 바르게 짝 지어진 것을 고르세요. (　　)

① 초선 – 재선
② 재선 – 다선
③ 다선 – 삼선
④ 초선 – 다선

정답은 ④ 초선–다선입니다.
처음 뽑힌 것은 '처음 초(初)'를 써서 초선,
두 번째 뽑힌 것은 '다시 재(再)'를 써서 재선이라고 해요. 그보다 많이 뽑히면 뽑힌 횟수에 따라 3선, 4선이라고 하거나 다선이라고 한답니다.

- **선거**(選 擧들 거)
  전체를 위해 일할 사람을 뽑는 행사
- **당선사례**
  (當選 謝감사할 사 禮인사 례)
  선거에 뽑힌 사람이 뽑아 준 데 대하여 고마움을 나타내는 일
- **당선**(當마땅할 당 選)
  선거에서 뽑힘
- **당선자**(當選 者사람 자)
  선거에서 뽑힌 사람
- **낙선**(落떨어질 낙 選)
  선거에서 떨어짐
- **초선**(初처음 초 選)
  처음으로 뽑힘
- **재선**(再다시 재 選)
  두 번째 뽑힘
- **다선**(多많을 다 選)
  여러 번 뽑힘

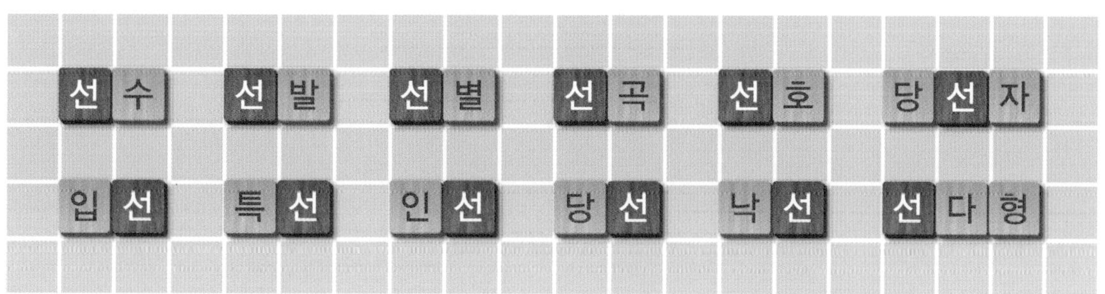

씨글자 블록 맞추기

- 선수
- 선수권
- 선수단
- 선수촌
- 선발
- 선별
- 선별기
- 선곡
- 선집
- 선호도
- 엄선
- 입선
- 특선
- 선구안
- 결선

1 공통으로 들어갈 한자를 따라 쓰세요.

발 / 임 / 수 — 選 (뽑을 선) — 엄 / 당 / 인

2 어떤 낱말에 대한 설명인지 쓰세요.

1) 잘해서 뽑힌 사람 → □□
2) 노래를 골라 뽑음 → □□
3) 여러 보기 중에서 답을 골라내는 문제 형태 → □□□
4) 전체를 위해 일할 사람을 뽑는 행사 → □□
5) 선거에 뽑힌 사람이 뽑아 준 데 대하여 고마움을 나타내는 일 → □□□□

3 알맞은 낱말을 찾아 문장을 완성하세요.

1) 이번 장기 자랑에서 부를 노래를 □□했어.
2) 나는 반 대항 오목두기 대표 □□야.
3) 야구 선수는 □□□이 있어야 승률이 높아져.
4) 이번 시험 문제는 보기가 4개 나오는 □□□□(이)래.
5) 이번 반장 선거에서 □□됐다며? 정말 축하해!

4 문장에 어울리는 낱말을 골라 ○표 하세요.

1) 점심시간 교내 방송에 내가 (선곡 / 선집)한 음악을 내보내고 싶어.

2) 유명한 작품은 사람들의 (선구안 / 선호도)가(이) 높아.

3) 대통령이 이번에 파격적인 (선임 / 인선)을 단행할 예정이래.

4) 이번 전교 회장 선거에서 아깝게 (당선 / 낙선)됐(했)어.

5 그림을 보고, 공통으로 들어갈 낱말을 쓰세요.

□

6 그림을 보고, 어울리는 것끼리 연결하세요.

선	구	안

초	선	의	원

선	별	기

결승
인선
선다
선다형
사지선다
선임
선택
취사선택
선거
당선사례
당선
당선자
낙선
초선
재선
다선

씨글자 기본 어휘

대표 선수들에게 박수를!!

악수(握手)는 손을 잡는다는 말이에요. 인사나 화해의 뜻으로 두 사람이 각자 한 손을 내밀어 마주 잡는 거지요.

세수할 때는 어디부터 씻기 시작하지요? 우선 손을 닦고, 그다음 얼굴과 목을 깨끗이 씻잖아요. 그래서 세수(洗手)예요. 수(手)는 '손'을 가리켜요.

손뼉을 치는 건 박□,
손에 들고 다니는 작은 공책은 □첩,
손바닥에 쏘옥 들어갈 크기의 수건은 손□건,
죄지은 사람 잡아갈 때 손목에 채우는 건 □갑이에요.

> 옆의 빈칸에 들어갈 알맞은 말은 무엇일까요? (　　)
>
> ① 수중　　② 수박

앗, 궁극의 무술책 야채 보감이 내 □□에!
안 돼!

맞아요. 수중(手中)이에요. 손안에 있다는 거지요. 이렇게 어떤 걸 손에 넣는 건 입수라고 해요. 버섯이 야채 보감을 '입수'한 거지요.

手 손 수

- **악수**(握 잡을 악 手)
  인사나 화해를 위해 손을 잡는 일
- **세수**(洗 씻을 세 手)
  손이나 얼굴을 씻는 일
- **박수**(拍 칠 박 手)
  손뼉을 침
- **수첩**(手 帖 기록 첩)
  손에 들고 다니며 기록할 수 있는 작은 공책
- **손수건**(手 巾 헝겊 건)
  손바닥에 들어갈 크기의 작은 헝겊, 작은 수건
- **수갑**(手 匣 상자 갑)
  죄지은 사람 잡아갈 때 손목에 채우는 것
- **수중**(手 中 가운데 중)
  손안
- **입수**(入 들 입 手)
  손에 들어옴

사람 손으로 만든 물건들을 뭐라고 할까요? (　　)

① 수리수리　　② 수공예품　　③ 허수아비

맞아요. 수공예품(手工藝品)이에요. 흙을 빚어서 가마에 구운 도자기나, 손으로 한 땀 한 땀 바느질을 해 수놓은 옷 같은 것들이지요. 비슷한 말은 수제품이에요. 기계로 만든 것이 아니라, 사람 손으로 직접 만든 제품이라는 거예요.

큰 소리로 읽으면서 빈칸을 채워 봐요.
말을 못하는 사람들이 손으로 이야기하는 건 □화,
손으로 던지는 폭탄은 □류탄,
손을 들어 경례하는 건 거□경례,
의사 선생님이 병을 고치기 위해 몸의 일부를 째거나 도려내는 건 □술이에요.

수동(手動)은 전기나 모터 없이 손으로 직접 움직이는 걸 말해요. 이 선풍기가 수동식이 된 건 홍복이가 들고 가다 떨어뜨렸기 때문이에요. 이렇게 잘못하여 일을 그르치는 건 실수(失手)라고 해요. '손에서 놓쳐 버린 일'이라는 뜻이지요.
또 어떤 일에 손을 대어 시작하는 건 착수,
맛있는 과자를 상대방보다 먼저 집어 들면 '선수를 쳤다'라고 해요.

- **수공예품**(手 工만들 공 藝예술 예 品물건 품)
  손으로 만든 예술적인 물건
- **수제품**(手 製만들 제 品)
  사람 손으로 만든 물건
- **수화**(手 話이야기할 화)
  손으로 이야기함
- **수류탄**
  (手 榴석류 류 彈탄알 탄)
  손으로 던지는 폭탄
- **거수경례**(擧들 거 手 敬공경할 경 禮인사 례)
  손을 들어 하는 경례
- **수술**(手 術방법 술)
  병을 고치기 위해 몸의 일부를 째거나 도려내는 방법
- **수동**(手 動움직일 동)
  손으로 직접 움직임
- **수동식**(手動 式방식 식)
  손으로 움직이는 방식
- **실수**(失놓칠 실 手)
  잘못하여 일을 그르침
- **착수**(着댈 착 手)
  어떤 일에 손을 대어 시작함
- **선수**(先먼저 선 手)
  남보다 먼저 손을 댐

빈칸에 들어갈 말은 뭘까요? (   )

① 참 ② 수 ③ 명

②번 '수'예요. 여기서 수(手)는 솜씨, 기량, 재주를 말해요. 올림픽에서 금메달은 은메달보다 '한 수 위'지요. 동메달보다는 '두 수 위'고 말이에요.
장기나 바둑에서 한 수 한 수 둬 나가는 순서나 차례를 수순이라고 해요. 솜씨를 보여 주는 순서라는 뜻이지요.

장기 둘 때 상대가 '장군!' 하면 내가 '멍군!' 하는 걸 뭐라고 할까요? (   )

① 박수 ② 악수 ③ 응수

정답은 ③번 응수(應手). 바둑이나 장기에서 상대가 놓는 수에 대응하는 걸 뜻해요. 응수를 잘못해서 쩔쩔맬 때, 구경꾼이 옆에서 수를 알려 주는 것은 훈수(訓手)예요.
그런데 도토리가 훈수한 대로 해서 양파가 이기면요? 도토리가 가르쳐 준 수가 승부수가 된 거지요. 승부수는 승패를 가르는 결정적인 수를 뜻해요.
어떤 '수'가 더 있는지 빈칸을 채워 봐요.
잘못 둔 수는 악□,
강력한 수는 강□예요.
'수(手)'는 장기나 바둑에서 처음 나온 말이지만, 다른 곳에서도 많이 쓰여요. 예를 들어 수단은 어떤 일을 처리하는 솜씨와 단계를 말해요.

手 솜씨 수

- **수순**(手 順순서 순)
  솜씨를 보여 주는 순서
- **응수**(應맞설 응 手)
  상대편의 수에 맞섬
- **훈수**(訓가르칠 훈 手)
  옆에서 수를 알려 줌
- **승부수**(勝이길 승 負질 부 手)
  승부를 가르는 결정적인 수
- **악수**(惡나쁠 악 手)
  잘못 둔 나쁜 수
- **강수**(强강할 강 手)
  강력한 수
- **수단**(手 段단계 단)
  어떤 일을 처리하는 솜씨와 단계

속수무책

속수무책(束묶일 속 手 無없을 무 策방법 책)은 손이 묶여 어찌할 방법이 없다는 말이에요.

빈칸에 알맞은 말은 뭘까요? 정답은 포수예요. 포수(捕手)는 공을 받는 사람, 투수(投手)는 공을 던지는 사람이에요. 투수와 포수 다 야구 선수들이지요? 선수는 무언가를 잘해서 선발된 사람을 말해요.

여기서 수(手)는 모두 '사람'을 뜻해요.

그럼 아래 빈칸을 채워 볼래요?

노래하는 사람은 가□,

무용하는 사람은 무용□,

활을 쏘는 사람은 궁□,

나팔 부는 사람은 나팔□,

돌을 다뤄 물건을 만드는 사람은 석□,

나무를 다뤄 물건을 만드는 사람은 목□예요.

어떤 방면에서 솜씨가 매우 뛰어난 사람을 고수(高手)라고 해요. 그와 비슷한 말은 명수(名手)예요. 무언가를 잘하기로 유명한 사람이라는 뜻이지요.

그럼 솜씨와 재주가 아래인 사람은 뭐라고 할까요?

맞아요. 하수라고 해요.

手 사람 수

- **포수**(捕잡을 포 手)
  공을 받는 사람
- **투수**(投던질 투 手)
  공을 던지는 사람
- **선수**(選뽑힐 선 手)
  무언가를 잘해서 선발된 사람
- **가수**(歌노래 가 手)
  노래하는 사람
- **무용수**
  (舞춤출 무 踊춤출 용 手)
  무용하는 사람
- **궁수**(弓활 궁 手)
  활을 쏘는 사람
- **나팔수**(手)
  나팔을 부는 사람
- **석수**(石돌 석 手)
  돌로 물건을 만드는 사람
- **목수**(木나무 목 手)
  나무로 물건을 만드는 사람
- **고수**(高높을 고 手)
  솜씨가 매우 뛰어난 사람
- **명수**(名이름 명 手)
  잘하기로 이름난 사람
- **하수**(下아래 하 手)
  솜씨나 재주가 아래인 사람

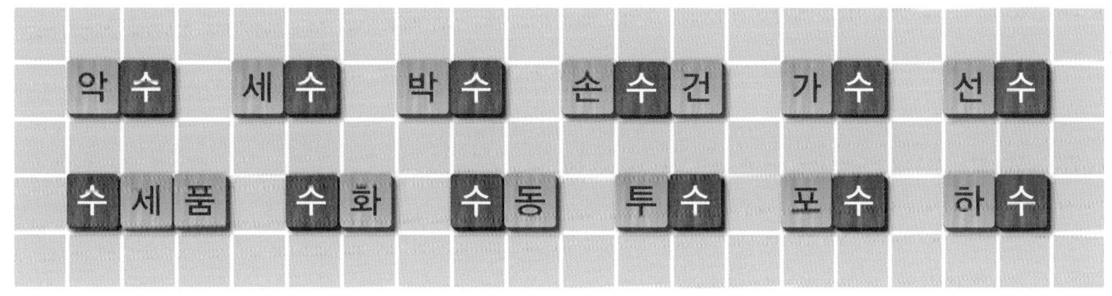

씨글자
블록 맞추기

악수
세수
박수
수첩
손수건
수갑
수중
입수
수공예품
수제품
수화
수류탄
거수경례
수술
수동
수동식
실수
착수
선수

1 공통으로 들어갈 한자를 따라 쓰세요.

술 / 단 / 첩 — 手 (손 수) — 입 / 착 / 투

2 어떤 낱말에 대한 설명인지 쓰세요.

1) 죄인을 잡아갈 때 손목에 채우는 것 → ☐☐
2) 손으로 움직이는 방식 → ☐☐☐
3) 잘못 둔 나쁜 수 → ☐☐
4) 솜씨를 보여 주는 순서 → ☐☐
5) 강력한 수 → ☐☐

3 알맞은 낱말을 찾아 문장을 완성하세요.

1) 이 분은 ☐☐ 솜씨가 뛰어난 의사 선생님이야.
2) 김 영감, 자꾸 ☐☐ 두면 장기 구경도 못 하게 할 거야.
3) 운동회 때 응원하느라고 ☐☐를 얼마나 쳤는지 몰라.
4) 경기 중에 난투극이 벌어지더니 결국 ☐☐들이 줄지어 퇴장당하네.
5) 이번 무대는 노래 부르는 ☐☐보다 아름다운 춤을 추는 ☐☐☐가 시선을 끌었어.

4 문장에 어울리는 낱말을 골라 ○표 하세요.

1) 수세에 몰리자 당황한 나머지 (훈수 / 악수)를 두었군.

2) 여행을 다니면서 있었던 일을 (수첩 / 손수건)에 꼼꼼하게 기록했어.

3) 일이 이 지경이 되고 보니, (속수무책 / 수단)으로 당하고 말았어.

4) 그만 (착수 / 실수)로 아버지께서 아끼시는 도자기를 깨트리고 말았어.

5 그림을 보고, 공통으로 들어갈 낱말을 쓰세요.

□

6 그림을 보고, 어울리는 것끼리 연결하세요.

1) 2) 3)

세수　　악수　　박수

수순
응수
훈수
승부수
악수
강수
수단
속수무책
포수
투수
선수
가수
무용수
궁수
나팔수
석수
목수
고수
명수
하수

유료 아이템? 유료(有料)는 요금이 있다는 말이에요. 돈 내고 산 아이템이 유료 아이템이지요. 이렇게 유(有)는 '있다'를 뜻해요. 게임은 잠깐씩 쉴 때 하면 이롭고, 몇 시간씩 해서 눈까지 나빠지면 해로운 거겠지요?

여기서 이로움이 있는 걸 유익(有益), 해로움이 있는 걸 유해(有害)라고 해요.

선으로 연결되면 유선이에요. 선이 있는 전화는 □□ 전화, 케이블이라는 선을 통해 들어오는 방송은 □□ 방송이지요.

그럼 사람이 타고 있는 우주선은 뭐라고 할까요? ( )

① 인공위성 ② 유인 우주선 ③ 로켓 우주선

맞아요! ②번이에요. 사람이 있으니 유인 우주선이지요. 1961년 역사상 처음으로 유인 우주선이 발사됐어요. 처음 있는 일이니 초유(初有)의 사건이지요.

有 있을 유

- **유료**(有 料요금 료)
  요금이 있음
- **유익**(有 益이로울 익)
  이로움이 있음
- **유해**(有 害해로울 해)
  해로움이 있음
- **유선**(有 線선 선)
  선이 있음
- **유인**(有 人사람 인)
  사람이 있음
- **초유**(初처음 초 有)
  처음으로 있음

🔔 유리

유리(有 利이로울 리)는 유익과 비슷한 말이에요.

- **유별**(有 別 다를 별)
  남다른 데가 있음
- **유명**(有 名 이름 명)
  이름이 널리 알려져 있음
- **유명무실**
  (有 名 無 없을 무 實 실제 실)
  이름은 나 있지만 실속이 없음
- **유죄**(有 罪 죄 죄)
  죄가 있음

한석봉은 어렸을 때부터 글쓰기에 유별난 재능이 있었대요!
유별나다는 건 무슨 말일까요? (   )

① 별 모양이다 ② 이별이 있다 ③ 남다른 데가 있다

정답은 ③번. 유별(有別)은 남다른 데가 있다는 말이에요. 보통의 것과 두드러지게 다르거나 특별할 때 유별나다고 해요.
이름이 널리 알려져 있으면 유명한 사람이에요. 하지만 이름 있다고 다 실력이 좋은 건 아니지요.
유명한 음식점이라고 찾아갔는데 먹어 보니 별로 맛이 없을 때도 있지요? 이런 게 유명무실(有名無實)이에요. 이름이 나 있지만 실속은 없는 거지요.

유비무환

유비무환(有備 갖출 비 無 없을 무 患 근심 환)은 미리미리 준비가 되어 있으면 걱정할 것이 없다는 뜻이에요.

오른편 그림을 봐요.
게임이 너무 재밌어서 그런 거니까, 게임에 죄가 있다고 핑계를 대네요. 이렇게 죄가 있는 것을 뭐라고 할까요? (   )

① 벌칙 ② 유죄 ③ 유력 ④ 유범

정답은 ②번. 그러니까 게임이 유죄라는 거지요. 그런데 정말로 게임이 유죄인 걸까요? 하하.

그림을 봐요! 방귀가 얼마나 독하면 유독 가스라고 했을까요. 그런데 '유독'의 뜻은 뭘까요? ( )

① 재미있다 ② 병이 매우 중하다
③ 이상하다 ④ 독성을 가지고 있다

맞아요! 정답은 ④번. 유독(有毒)은 독을 가지고 있다는 거예요. 여기서 유(有)는 '어떤 특성을 가지고 있다'라는 뜻으로 쓰였어요. 또 뭘 가질 수 있는지 빈칸을 채우며 알아볼까요?
지식을 많이 가지고 있으면 □식한 거고,
일을 해낼 능력을 가지고 있으면 □능한 거예요.
모양을 가지고 있어서 만질 수 있는 건 □형의 물건이지요.

청국장은 우리가 원래 가지고 있던 고유(固有)의 음식이에요. 그런데 청국장에서는 청국장만 가지고 있는 특별한 냄새가 나지요. 이걸 청국장 특유(特有)의 냄새라고 해요.
청국장은 암을 예방하는 데 유효하대요. 효과를 가지고 있다는 말이지요. 유효 기간이라는 말, 들어 봤지요? 효과가 있는 기간이라는 뜻이에요.
음식은 유효 기간 안에 먹어야 맛도 있고, 음식 안에 함유된 영양분을 제대로 이용할 수 있어요.

有 가질 유

- **유독**(有 毒독 독)
  독을 가지고 있음
- **유식**(有 識지식 식)
  지식을 많이 가지고 있음
- **유능**(有 能능력 능)
  능력을 가지고 있음
- **유형**(有 形모양 형)
  모양을 가지고 있음
- **고유**(固원래 고 有)
  원래 가지고 있음
- **특유**(特특별할 특 有)
  특별히 가지고 있음
- **유효**(有 效효과 효)
  효과를 가지고 있음
- **함유**(含포함할 함 有)
  안에 포함하여 가지고 있음

반대말
있을 유(有)의 반대말은 없을 무(無)예요.
유식↔무식
유능↔무능
유형↔무형

소유(所有)는 가지는 것이에요. '내 것'이라는 이야기지요. 내가 소유한 것은 내가 자유롭게 쓸 수 있어요. 남에게 주거나 팔 수도 있어요.

이렇게 누군가가 가진 물건은 소유물, 소유한 물건의 주인은 소유주라고 해요. 그 물건을 소유한 사람의 권리는 소유권, 어떤 걸 갖고 싶어하는 마음은 소유욕이에요.

흰둥이를 공유하자니, 무슨 말이지요? 공유(共有)는 함께 소유한다는 말이에요. 공유하는 물건은 함께 소유하는 거니까, 함께 쓰는 물건이기도 해요.

소리는 같지만 뜻이 다른 '공유'도 있어요.

'관청 공(公)'을 쓴 공유(公有)는 '관청의 것', 즉 '나라의 것'을 말해요. 나라의 것은 국유(國有)라고도 하지요. 시의 재산은 시유(市有)예요.

그리고 개인이 소유하는 것은 사유(私有)라고 해요.

그럼 소유주에 따라 땅 이름이 어떻게 달라지는지, 빈칸을 채우며 알아보아요.

나라가 소유한 땅은 □□지고, 시가 소유한 땅은 □□지예요. 개인이 소유한 땅은 □□지라고 하지요.

- **소유**(所 것 소 有)
  가지는 것
- **소유물**(所有 物 물건 물)
  소유한 물건
- **소유주**(所有 主 주인 주)
  소유한 물건의 주인
- **소유권**(所有 權 권리 권)
  물건을 소유한 사람의 권리
- **소유욕**(所有 慾 욕심 욕)
  소유하고 싶은 마음
- **공유**(共 함께 공 有)
  함께 소유함
- **공유**(公 관청 공 有)
  관청·나라에서 소유함
- **국유**(國 나라 국 有)
  나라에서 소유함
- **시유**(市 시 시 有)
  시에서 소유함
- **사유**(私 개인 사 有)
  개인이 소유함

영유권

영유(領 거느릴 영 有)는 한 나라가 영토를 소유하는 것을 가리키는 말이에요. 영토에 대한 나라의 권리는 영유권(領有 權 권리 권)이라고 해요.

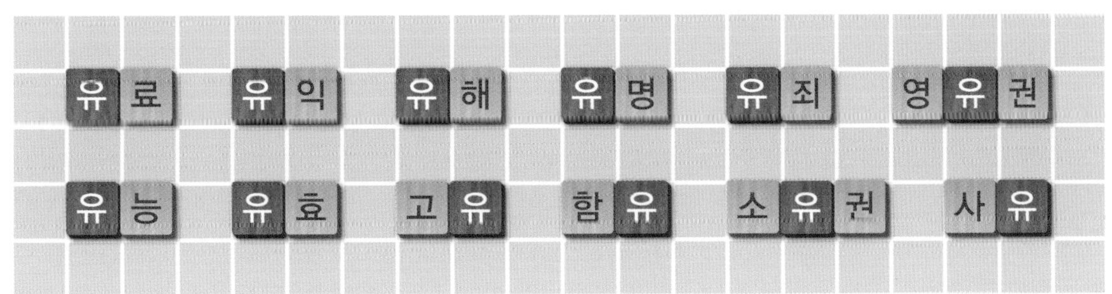

씨글자
블록 맞추기

유료
유익
유해
유선
유인
초유
유리
유별
유명
유명무실
유죄
유비무환
유독
유식
유능

1 공통으로 들어갈 한자를 따라 쓰세요.

식 / 형 — 리 — 有 (있을 유) — 초 — 특 / 소

2 어떤 낱말에 대한 설명인지 쓰시오.

1) 해로움이 있음 → □□
2) 미리미리 준비하여 걱정할 것이 없음 → □□□□
3) 안에 포함하여 가지고 있음 → □□
4) 소유하고 싶은 마음 → □□□
5) 영토에 대한 나라의 권리 → □□□

3 알맞은 낱말을 찾아 문장을 완성하세요.

1) 돈을 내는 □□ 사이트가 많아지고 있어.
2) 사람이 많은 걸 보니 □□한 식당인가 봐.
3) 이 상품권은 □□ 기간이 내일까지래.
4) 예진이는 어릴 때부터 음악을 □□나게 좋아했어.
5) 음식을 골고루 먹는 것은 우리 건강에 □□해.

유형
고유
특유
유효
함유
소유
소유물
소유주
소유권
소유욕
공유
국유
시유
사유
영유권

④ 문장에 어울리는 낱말을 골라 ○표 하세요.

1) 모양이 있어 만질 수 있는 문화재는 (유형 / 유독) 문화재야.
2) 책을 많이 읽어 지식이 많으면 (유식 / 유해)해져.
3) 지키지도 않는 (유비무환 / 유명무실)한 계획은 그만 세워.
4) 담배에는 몸에 나쁜 (유리 / 유해) 물질이 많이 들어 있어.
5) 우리나라 (초유 / 고유) 음악인 판소리를 세계에 알리자.

⑤ 그림을 보고, 공통으로 들어갈 낱말을 쓰세요.

□

⑥ 빈칸에 들어갈 낱말이 순서대로 바르게 연결된 것을 고르세요. (　　)

① 특유 - 고유　　② 국유 - 특유
③ 소유 - 함유　　④ 특유 - 공유

네 대화명, 유명하던걸?

성명(姓名)은 성과 이름을 말해요. '박'이라는 성과 '찬돌'이라는 이름을 합치면 박찬돌이 되지요.

그럼 자기 이름을 써넣는 걸 뭐라고 할까요? (　　)

① 서당　　② 서명　　③ 출석

네, 맞아요. 서명(署名)이에요. 서명할 때는 글자를 막 갈겨서 쓰는 경우가 많아요. 자기를 증명하는 거라 남들이 쉽게 흉내 내면 곤란하거든요.

어이쿠. 태어날 아기 이름 때문에 집안이 시끌시끌하네요. 이렇게 새롭게 이름을 짓는 걸 작명(作名)이라고 해요.

이름을 지어 주는 곳은 작명소, 이름을 짓는 걸 직업으로 하는 사람은 작명가라고 해요.

名 이름 명

- **성명**(姓성 성 名)
  성과 이름
- **서명**(署쓸 서 名)
  이름을 써넣는 것
- **작명**(作지을 작 名)
  이름을 지음
- **작명소**(作 名 所장소 소)
  이름을 짓는 곳
- **작명가**(作 名 家사람 가)
  이름을 짓는 것을 직업으로 하는 사람

삼순이가 3명? 이름은 같지만, 다른 사람들이에요. 이런 사람들을 동명이인(同名異人)이라고 해요.
이름이 같은 게 너무 너무 싫어서 김삼순은 이름을 바꾸기로 했대요.
삼순이처럼 이름을 바꾸는 건요? 개명이에요.
그럼 출석 부르는 선생님처럼 남의 이름을 부르는 건요? 호명이에요.
특별히 누군가의 이름을 콕 집어서 가리키면 지명이지요.

그럼 이름을 적어서 가슴에 달고 다니는 것을 뭐라고 할까요?
( )

① 명찰　② 사찰　③ 찰떡

네. 정답은 ①번 명찰이에요. 명찰은 우리말로 이름표라고 하지요.

교장 선생님 책상엔 명패가 있어요. 명패는 이름이나 직책을 적어 책상 위에 세워 두는 이름표예요.
명찰이나 명패에는 한 사람의 이름만 적지요? 여러 사람의 이름을 적어 놓은 목록은 명단(名單)이라고 해요.
사물을 부를 때는 명칭이라는 말을 쓰기도 해요. 연필로 적은 것을 지우는 물건의 '명칭'은 지우개인 셈이지요.

동명이인
(同 같을 동 名 異 다를 이 人)
같은 이름을 가진 서로 다른 사람

개명(改 바꿀 개 名)
이름을 바꿈

호명(呼 부를 호 名)
이름을 부름

지명(指 가리킬 지 名)
누군가의 이름을 지정하여 가리킴

명찰(名 札 표 찰)
이름표

명패(名 牌 패 패)
이름이 적힌 패

명단(名 單 목록 단)
여러 사람의 이름을 적어 놓은 목록

명칭(名 稱 부를 칭)
사물을 부르는 이름

왼쪽 그림에서는 무엇을 물어보고 있는 걸까요? (   )

① 호명 ② 성명 ③ 지명

맞아요. '지명'이에요. 지명(地名)은 마을이나 산, 강, 지역의 이름을 말해요.
그럼 사람 이름은 무엇이라 할까요? 인명(人名)이지요.
'산토끼' 같은 노래 이름은 곡명, 감기 같은 병의 이름은 병명, '소똥 초등학교' 같은 학교의 이름은 학교명이에요.
다음 빈칸에 알맞은 말을 넣어 봐요.
'콩쥐팥쥐' 같은 책 이름은 도서□,
프랑스·필리핀·브라질 같은 나라 이름은 국□이라고 해요.
이렇게 뒤에 붙는 명(名)은 '~의 이름'이라는 뜻으로 쓰이는 거지요.

인터넷으로 이야기할 때 쓰는 이름은 뭐라고 할까요? (   )

① 밝을 명 ② 대화명 ③ 나라명

맞아요. 대화명이라고 하지요. 그럼 대화명 말고 진짜 자기 이름은 뭘까요? 네, 본명(本名)이지요. 본명과 비슷한 말로는 실명이 있어요. 실제 이름이지요. 본명이나 실명의 반대말은 뭘까요? 가명이에요. 가짜 이름이지요. 연예인, 예술가가 쓰는 가명을 예명이라고 해요. 끝으로 생김새나 버릇, 성격의 특징을 가지고 지어 부르는 이름은 뭘까요?
그래요, 별명이에요. 얼굴이 네모라고 아네모네, 방귀 잘 뀌어서 뿡뿡이, 이런 건 다 별명이에요.

名 이름 명

- **지명**(地땅 지 名)
  땅 이름
- **인명**(人사람 인 名)
  사람 이름
- **곡명**(曲노래 곡 名)
  노래 이름 / 노래 제목
- **병명**(病병 병 名)
  병의 이름
- **학교명**
  (學배울 학 校학교 교 名)
  학교 이름
- **도서명**(圖그림 도 書글 서 名)
  도서의 이름 / 책 제목
- **국명**(國나라 국 名)
  나라 이름
- **대화명**
  (對마주 대 話말할 화 名)
  인터넷에서 대화할 때 쓰는 이름
- **본명**(本원래 본 名)
  원래 이름
  ≒실명(實실제 실 名)
- **가명**(假거짓 가 名)
  가짜 이름
- **예명**(藝예술 예 名)
  연예인, 예술가의 가명
- **별명**(別다를 별 名)
  특징에 따라 달리 부르는 이름

빈칸에 알맞은 말은 뭘까요? (　　)

① 악명　　② 별명　　③ 명찰

정답은 ①번이에요. 악명(惡名)은 나쁜 짓으로 유명한 걸 말해요. 이때 명(名)은 '이름 있다', '유명하다'라는 뜻이에요.
한석봉은 명필(名筆)이라고 하지요. 유명한 붓? 아니에요! 한석봉의 붓글씨 솜씨가 아주 뛰어나다고 이름이 나서 명필이라고 한 거죠.
빈칸을 채워 볼까요?
유명한 사람이 남긴 훌륭한 말은 명언(名言), 뛰어난 말은 □마,
뛰어난 작품은 명작, 잘 그린 그림은 □화지요.
이름난 곳은 명소, 이름난 것은 명물,
병을 잘 고치는 뛰어난 의사는 □의에요.

名 이름날 / 뛰어날 명

- **악명**(惡나쁠 악 名)
  나쁜 짓으로 유명함
- **유명**(有있을 유 名)
  이름이 남
- **명필** (名 筆붓 필)
  붓글씨 솜씨로 이름난 사람
- **명언**(名 言말씀 언)
  유명한 사람의 훌륭한 말
- **명마**(名 馬말 마)
  뛰어난 말
- **명작**(名 作작품 작)
  뛰어난 작품
- **명화**(名 畵그림 화)
  뛰어나게 잘 그린 그림
- **명소**(名 所장소 소)
  이름난 장소
- **명물**(名 物물건 물)
  이름난 것
- **명의**(名 醫의사 의)
  이름난 의사

무명(無없을 무 名)은 이름이 알려져 있지 않은 거예요. '유명'의 반대말이지요.

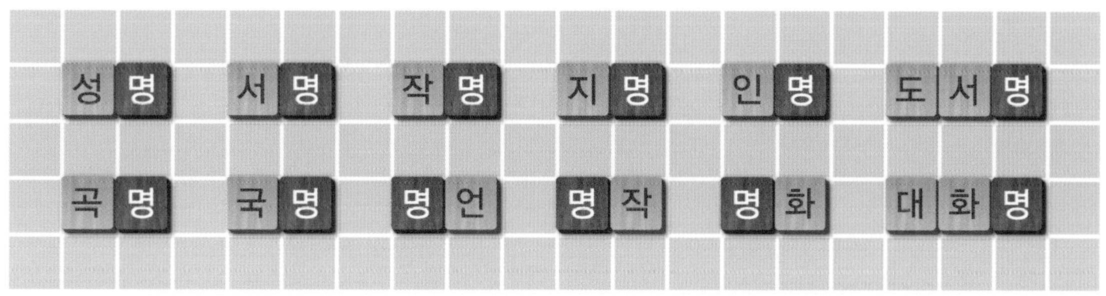

씨글자 블록 맞추기

- 성명
- 서명
- 작명
- 작명소
- 작명가
- 동명이인
- 개명
- 호명
- 지명(指名)
- 명찰
- 명패
- 명단
- 명칭
- 지명(地名)
- 인명
- 곡명
- 병명
- 학교명
- 도서명

1 공통으로 들어갈 한자를 따라 쓰세요.

본 / 악 — 개 — 名 이름 명 — 칭 — 언 / 물

2 어떤 낱말에 대한 설명인지 쓰시오.

1) 이름을 써 넣는 것 → □□

2) 누군가의 이름을 지정하여 가리킴 → □□

3) 인터넷에서 대화할 때 쓰는 이름 → □□□

4) 붓글씨 솜씨로 이름난 사람 → □□

3 빈 칸에 알맞은 낱말을 찾아 문장을 완성하세요.

1) 그는 오랜 □□ 기간을 이겨내고 드디어 유명해졌어.

2) 허준은 조선 시대 이름난 □□였지.

3) 이 돌탑이 지역의 □□이 된 이유가 뭘까?

4) 한석봉은 어둠 속에서도 글씨를 잘 쓰는 □□이었대.

4 문장에 어울리는 낱말을 골라 ○표 하세요.

1) 에스파냐는 그 나라의 옛 이름이고, 지금의 (국명 / 무명)은 스페인이야.

2) 그 가수는 '레이'라는 (지명 / 예명)으로 활동하고 있어.

3) 이름도, 얼굴도 멋진 이 배우의 (본명 / 악명)은 무척 촌스러워.

4) 선생님이 내 이름을 (성명 / 호명)하셨어.

5 그림을 보고, 공통으로 들어갈 낱말을 쓰세요.

□

6 그림을 보고, 알맞은 낱말을 연결하세요.

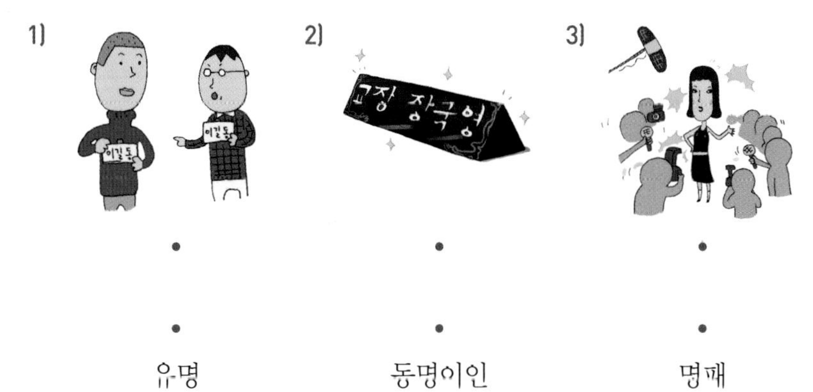

유명 · 동명이인 · 명패

국명
대화명
본명
실명
가명
예명
별명
악명
유명
명필
명언
명마
명작
명화
명소
명물
명의
무명

뼈와 근육의 이름도 여러 가지야

자신의 팔을 한번 만져 보세요. 살 속에서 딱딱하게 만져지는 것이 뼈예요.

만약 우리 몸에 뼈가 없다면 몸을 지탱하지 못해서 흐느적거릴 거예요. 등 쪽에 만져지는 세로로 길쭉하게 생긴 뼈가 등뼈예요, 몸의 중심을 지탱해 주지요.

손가락 마디처럼 뼈와 뼈가 이어져 있는 부분은 뼈마디예요. 한자로 '관계할 관(關)', '마디 절(節)', 관절이라고도 해요.

그럼 '뼈 골(骨)' 자가 붙어서 만들어지는 뼈의 여러 이름을 알아볼까요?

우리 몸에 있는 뼈의 이름들

머리에 있는 동그란 모양의 머리☐, 굵고 긴 팔☐,
가슴 양쪽에 있는 갈비☐, 굵고 길쭉한 다리☐,
여러 개의 뼈가 연결되어 있는 손☐ 등이 있어요.
머리뼈는 '머리 두(頭)' 자를 써서 두개골, 갈비뼈는 '갈빗대 늑(肋)' 자를 써서 늑골이라고 해요.
뼈는 우리 몸의 모양을 이루고 몸의 중심을 잡아 주지요.

뼈마디

뼈와 뼈가 이어져 있는 부분
=관절(關節)

- **뼈**
  우리 몸을 지탱하는 살 속에 있는 단단한 것
- **등뼈**
  등 쪽에 만져지는 세로로 길쭉하게 생긴 뼈
- **머리뼈**
  머리에 있는 뼈 = 두개골
  (頭머리 두 蓋덮을 개 骨뼈 골)
- **팔뼈**
  팔에 있는 뼈
- **갈비뼈**
  가슴 양쪽에 있는 뼈
  = 늑골(肋갈빗대 늑 骨)
- **다리뼈**
  다리에 있는 뼈

'뼈 골(骨)' 자를 사용하여 골격이라고도 해요.
모든 뼈가 딱딱한 것은 아니에요. 연한 뼈인 연골도 있어요. 연골은 뼈마디 부위에 있어서 뼈를 보호해요. 물렁물렁하다고도 해서 물렁뼈라고도 해요.

우리 몸에 있는 근육의 이름들

우리 몸에 딱딱한 뼈만 있다면 몸을 움직이지 못해요. 뼈에 붙어 있는 근육이 오므라들거나 펴지면서 몸을 움직일 수 있어요. 근육은 힘줄과 살을 이르는 말로, '힘줄 근(筋)' 자와 '고기 육(肉)' 자로 쓰였어요.
근육의 힘은 '힘 력(力)' 자가 붙어서 근력이라고 해요.
웃는 표정, 찡그린 표정을 만들어 내는 것도 근육이에요. 얼굴의 표정근이 다양한 표정을 만들어 내요. 근육의 이름은 근 자가 뒤에 붙어 만들어져요. 윗입술올림근이 윗입술을 위로 쭉 올리고 입꼬리당김근이 입꼬리를 당기면 웃는 표정 완성! 입꼬리내림근이 입꼬리를 아래로 추욱, 눈썹주름근이 이마를 찌푸리게 하면 찡그린 표정 완성!
팔을 움직일 때는 이두근, 삼두근이라는 근육이 움직여요. 팔 안쪽에는 이두근, 바깥쪽에는 삼두근이 있어요. 팔을 움직일 때마다 이두근과 삼두근이 오므라들었다 늘어났다 한답니다.

- **손뼈**
  손에 있는 뼈
- **골격**(骨 格기둥 격)
  뼈
- **연골**(軟연할 연 骨)
  연한뼈 = 물렁뼈
- **근육**(筋힘줄 근 肉고기 육)
  힘줄과 살
- **근력**(筋力)
  근육의 힘
- **표정근**(表겉 표 情감정 정 筋)
  표정을 만드는 근육
- **윗입술올림근**(筋)
  위쪽의 입술을 올리는 근육
- **입꼬리당김근**(筋)
  입꼬리를 양쪽으로 당기는 근육
- **입꼬리내림근**(筋)
  입꼬리를 내리는 근육
- **눈썹주름근**(筋)
  이마 사이에 주름을 만드는 근육
- **이두근**(二두 이 頭筋)
  팔의 안쪽에 위치해 팔을 굽히는 역할을 하는 근육
- **삼두근**(三석 삼 頭筋)
  팔 바깥쪽에 위치해 팔꿈치 관절을 펴는 근육

천왕성은 행성

깜깜한 밤하늘에 반짝반짝 빛나는 수많은 별들. 그 수많은 별 가운데 태양에서 일곱 번째로 가까운 천왕성이 있어요.

천왕성은 태양 둘레를 공전하며 이리저리 떠돌아다녀요. 그래서 '다닐 행(行)'과 '별 성(星)'을 붙여 행성이라고 해요. 천왕성과 같은 행성에는 별 성(星)이 붙은 이름이 대부분이에요.

별의 이름에는 별 성(星)

천왕성과 같이 태양 주변을 도는 천체를 행성이라고 해요. 움직이지 않고 하늘에 붙박여 있는 별은 항상 그 자리에 있다고 해서 항성이에요. 천문학에서는 그 자리에서 스스로 빛을 내는 항성만 별이라고 해요.

태양이 중심인 태양계에는 8개의 행성이 있어요.

'물 수(水)'가 쓰였지만 물이 없는 수성, 밝게 빛나는 샛별 금성,
우리가 살고 있는 지구, 불타는 것처럼 붉게 보이는 화성,
나무처럼 크고 무거운 목성, 흙 같은 황색으로 빛나는 토성,
청록색을 띤 천왕성, 바다의 신의 이름을 딴 해왕성이 그 주인공들이에요. 지구만 빼고 모두 '별 성(星)' 자가 붙었네요. 앞쪽의

天	王	星
하늘 천	임금 왕	별 성

태양에서 일곱 번째로 가까운 행성

- **행성**(行다닐 행 星)
  태양 주변을 도는 별
- **항성**(恒항상 항 星)
  항상 그 자리에서 스스로 빛을 내는 별 = 별
- **천문학**(天 文글월 문 學배울 학)
  지구 밖의 천체나 물질을 연구하는 학문
- **태양계**(太클 태 陽볕 양 系맬 계)
  태양이 중심인 천체의 집합
- **지구형 행성**
  (地땅 지 球공 구 型모형 형 行星)
  지구와 비슷한 행성
- **목성형 행성**(木나무 목 星型 行星)
  목성과 비슷한 행성

수성, 금성, 지구, 화성은 지구처럼 단단한 암석으로 이루어져서 지구형 행성, 뒤쪽의 목성, 토성, 천왕성, 해왕성은 목성처럼 수소 등의 기체로 이루어져서 목성형 행성이라고 해요.

소행성이 지구로 돌진해 오는 영화를 봤다고요? 소행성은 말 그대로 작은 행성이에요. 행성 주위를 도는 위성, 사람이 지구에서 쏘아 올려 지구 주위를 돌게 한 인공위성, 긴 꼬리를 끌고 나타나는 혜성, 혜성이나 소행성에서 떨어져 나와 밤하늘에서 떨어지는 유성도 있어요. 인공위성은 별이 아니고, 유성은 흔히 말하는 별똥별이에요.

성단과 성운, 별이 모여 있는 은하

수백 개에서 수십만 개의 별로 이루어진 별들의 집단을 성단이라고 부르고 수천 만 개, 수천억 개의 별이 모여 있는 곳을 은하라고 불러요. 태양계가 속해 있는 은하는 우리 은하지요. 성단에는 별들이 허술하게 모여 있는 산개 성단, 수만 내지 수십만 개의 별들이 공처럼 모여 있는 구상 성단이 있어요.

우리 은하는 성단, 성운, 별들이 모여 있답니다. 성운은 구름이나 안개 모양으로 하늘의 군데군데에 흐릿하게 보이는 별의 떼를 말해요.

소행성(小작을 소 行星)
태양계의 작은 행성

위성(衛지킬 위 星)
행성이 잡아당기는 힘에 의하여 그 행성 주위를 도는 별

인공위성
(人사람 인 工장인 공 衛星)
지구에서 하늘로 쏘아 올려 지구 주위를 도는 물체

혜성(彗꼬리별 혜 星)
긴 꼬리를 그리며 운동하는 천체

유성(流 흐를 유 星)
밤하늘에 빛을 내며 떨어지는 작은 물체 = 별똥별

성단(星 團모일 단)
별들의 집단

은하(銀은 은 河물 하)
수많은 별들이 모인 거대한 별의 무리

산개 성단(散흩어질 산 開열 개 星團)
별들이 허술하게 모여 있는 성단

구상 성단(球공 구 狀형상 상 星團)
별들이 공처럼 모여 있는 집단

성운(星 雲구름 운)
구름 모양으로 퍼져 보이는 천체

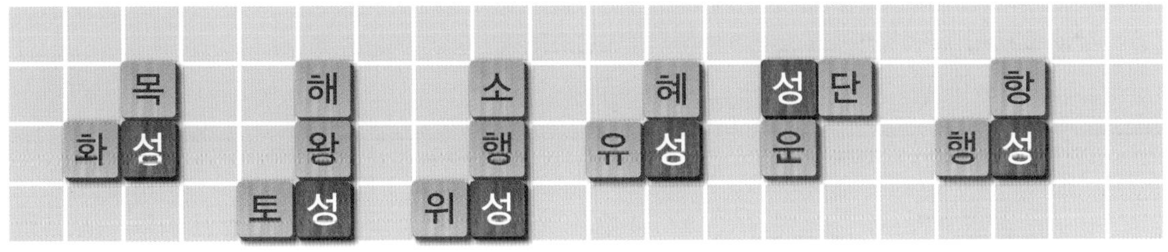

뼈마디
관절
뼈
등뼈
머리뼈
두개골
팔뼈
갈비뼈
늑골
다리뼈
손뼈
골격
연골
물렁뼈
근육
근력
표정근
윗입술올림근
입꼬리당김근
입꼬리내림근
눈썹주름근
이두근
삼두근

1 공통으로 들어갈 낱말을 쓰세요.

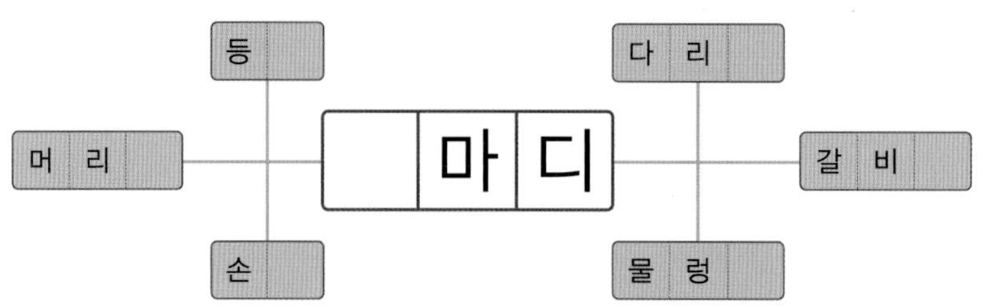

2 주어진 낱말을 넣어 문장을 완성하세요.

1) 갈 비 / 머 리 뼈

머리에 있는 뼈는 □□□, 가슴 양쪽에서 장기를 보호해 주는 뼈는 □□□이다.

2) 팔 / 손 뼈

손에 있는 뼈는 □□, 팔에 있는 뼈는 □□다.

3) 근 육 / 력

우리 몸에 □□이 많으면 □□이 좋아서 힘이 아주 세져!

4) 연 골 / 격

뼈를 보호해 주는 물렁한 뼈는 □□,
우리 몸의 뼈를 통틀어서는 □□이라고 해.

3 문장에 어울리는 낱말을 골라 ○표 하세요.

1) 등쪽에 만져지는 세로로 길쭉하게 생긴 뼈는 (등뼈 / 관절)(이)야.

2) 머리뼈를 한자로는 (두개골 / 늑골)이라고 해.

3) 얼굴의 표정을 만들어 내는 근육을 (표정근 / 이두근)이라고 해.

4) 우리 몸은 뼈에 붙어 있는 (근력 / 근육) 덕분에 움직일 수 있어.

씨낱말 블록 맞추기

행
천 왕 성

_____월 _____일 / 정답 143쪽

1 공통으로 들어갈 낱말을 쓰세요.

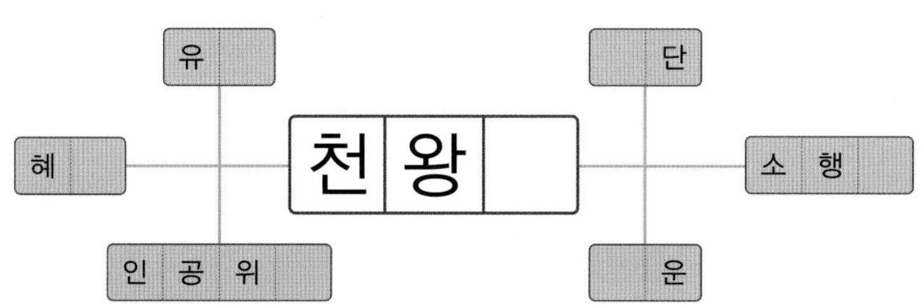

2 주어진 낱말을 넣어 문장을 완성하세요.

1) 유 / 혜 성

긴 꼬리를 끌고 나타나는 별은 ☐☐, 소행성에서 떨어져 나와 밤하늘에 떨어지는 별은 ☐☐이야.

2) 성 운 / 단

수백 개에서 수십만 개의 별로 이루어진 별들의 집단은 ☐☐, 구름이나 안개 모양으로 하늘의 군데군데 흐릿하게 보이는 별의 떼는 ☐☐이라고 해.

3 문장에 어울리는 낱말을 골라 ○표 하세요.

1) 태양을 도는 천체는 (행성 / 항성)이야.

2) 이번에 새로 나온 영화는 지구로 돌진해 오는 (소행성 / 성운) 이야기야.

4 예문에 공통으로 들어갈 낱말을 써넣으세요. [과학]

태양 주변을 돌고 있는 ☐☐은 수성, 금성, 지구, 화성, 목성, 토성, 천왕성, 해왕성으로 모두 8개다. ☐☐은 지구형 ☐☐과 목성형 ☐☐으로 나누는데, 지구형 ☐☐은 수성, 금성, 지구, 화성으로 단단한 암석으로 이루어져 있고, 목성형 ☐☐은 목성, 토성, 천왕성, 해왕성으로 수소와 헬륨으로만 이루어져 있다.

천왕성
행성
항성
별
천문학
태양계
지구형 행성
목성형 행성
소행성
위성
인공위성
혜성
유성
별똥별
성단
은하
산개 성단
구상 성단
성운

백성들 사이에 전해 오는 민속

民	俗
백성 민	풍속 속

백성들의 풍속

민속은 '民(백성 민)', '俗(풍속 속)' 두 글자로 이루어져 있어요. 풀어서 말하면 '백성들의 풍속'이라는 말로, 옛사람들에게서 전해 내려오는 문화와 신앙, 풍습을 민속이라 불러요.

명절에 명절 음식을 먹고, 윷놀이 같은 민속놀이를 즐기지요. 풍속도 이와 비슷한 뜻이 있어요. 한 사회에 계속 이어져 내려오는 생활 습관을 풍속이라고 하거든요.

설날과 정월 대보름의 세시 풍속

일 년 중 계절마다 날을 정해 놓고 지내는 풍속을 세시 풍속이라고 해요. 세시 풍속 중 가장 대표적인 것은 설이에요. 설날은 음력으로 1월의 첫날! 정월 초하루라고도 하지요. 어른들께 한 해의 첫인사인 세배를 드려요.

정월 대보름인 음력 1월 15일(보름)은 일 년 중 달이 가장 커 보이는 날이에요. 그래서 이 날을 특별한 축제처럼 보내요.

다섯 곡식을 넣은 오곡밥을 지어 먹고, 밤에는 다리를 건너다니며 다리밟기를 하고 논둑, 밭둑에 불을 놓는 쥐불놀이도 해요. 달의 집을 만들어 달이 뜰 때에 달집태우기를 하고요. 참, 정

- **윷놀이**
편을 갈라 윷으로 승부를 겨루는 놀이
- **민속놀이**
(民백성 민 俗풍속 속)
일반 백성들 사이에서 전해 내려오는 놀이
- **풍속**(風바람 풍 俗)
한 사회에 계속 이어져 내려오는 생활 습관
- **세시 풍속**
(歲해 세 時때 시 風俗)
계절마다 날을 정해 놓고 지내는 그때그때 풍속
- **설날**
음력 1월 1일의 명절
= 정월 초하루

월 대보름에는 아침 일찍 일어나서 "내 더위 사가라." 하고 더위팔기도 하지요. 우리 조상들은 정월 대보름에 주변 사람들에게 더위를 팔면 자신은 1년 동안 더위를 먹지 않는다고 생각했거든요.

계절별 세시 풍속

옛날 사람들은 계절별로도 세시 풍속을 지켰어요.

봄	삼짇날 음력 3월 3일	강남 갔던 제비가 돌아오는 날이래요. 나비로 점을 보고, 진달래 전을 먹으며 봄을 즐겨요.
여름	단오 음력 5월 5일	만물이 푸르고 싱싱한 단오. 여자는 창포 삶은 물에 머리를 감고, 그네를 타요. 남자들은 씨름을 해요. 서로 부채를 선물하곤 해요.
가을	추석 음력 8월 15일	곡식이 익어서 풍성해지는 추석! 그 해에 처음 추수한 햅쌀로 빚은 송편과 햇과일로 상을 차려 한 해의 농사를 감사하는 차례를 지내요.
겨울	섣달그믐 음력 12월 30일경	음력으로 한 해의 마지막 날로 새벽녘에 닭이 울 때까지 잠을 자지 않고 깨어 있는 풍습이 있어요. 저녁에는 한 해를 잘 보살펴 주신 조상님께 감사하는 마음으로 제사를 지내요.

이 외에도 음력 6월 15일에 지키는 유두, 7월 7일의 칠석, 7월 15일의 백중 등이 있어요.

정월(正바를 정 月달 월)
음력으로 한 해의 첫째 달

정월 대보름
(正月 大큰 대)
음력 1월 15일

오곡(五다섯 오 穀곡식 곡)**밥**
다섯 가지 곡식으로 만든 밥

다리밟기
다리를 밟는 놀이

쥐불놀이
밭에 불을 붙이며 노는 놀이

달집태우기
달의 집을 만들어 달이 뜰 때 달집을 태우는 놀이

더위팔기
더위를 파는 풍속

삼(三석 삼)**짇날**

단오(端끝 단 午낮 오)

추석(秋가을 추 夕저녁 석)

섣달그믐

유두(流흐를 유 頭머리 두)
음력 6월 보름달

칠석(七일곱 칠 夕)
음력 7월 7일

백중(百일백 백 中가운데 중)
음력 7월 15일

치익, 위잉. 공장에서 쉴 새 없이 기계가 돌아가며 물건을 만들어요. 이렇게 공장에서 사람이나 기계의 힘으로 물건을 만드는 산업을 공업이라고 해요. 공업은 산업의 한 종류예요. 산업은 무엇인가를 생산하는 것이고요.

그럼 공업, 산업이 들어간 다양한 낱말들을 알아볼까요?

필요한 물건을 만드는 공업

제조업은 물건을 대량으로 만드는 산업이에요. 일반적으로 제조업은 경공업에서 중공업으로 발전해요. 경공업은 '가벼울 경(輕)' 자를 써서 무게가 가벼운 물건을 만드는 공업을 말해요. 섬유 공업, 식품 공업, 고무 공업 등이지요. 중공업은 경공업과 반대로 '무거울 중(重)' 자를 써서 무거운 물건을 만드는 공업이에요. 배, 자동차, 철 등은 모두 무거운 것을 만드는 공업이에요. 중공업의 일종인 제철 공업은 용광로에 철광석을 녹여서 철을 뽑아내는 공업이지요.

화학 공업은 화학을 이용한 공업이에요. 석유나 천연가스를 원료로 여러 화학 제품을 만드는 석유 화학 공업, 화학을 이용해서

工	業
장인 공	일 업

공장에서 사람이나 기계의 힘으로 물건을 만드는 산업

- **산업**(産 낳을 산 業)
  물건이나 서비스를 생산하는 일
- **제조업**(製 지을 제 造 지을 조 業)
  물건을 대량으로 만드는 산업
- **경**(輕 가벼울 경)**공업**
  가벼운 물건을 만드는 공업
- **중**(重 무거울 중)**공업**
  무거운 물건을 만드는 공업
- **제철**(製 지을 제 鐵 쇠 철) **공업**
  철을 만드는 공업
- **화학**(化 될 화 學 배울 학) **공업**
  화학을 이용한 공업
- **석유 화학**(石 돌 석 油 기름 유 化 學) **공업**
  석유나 천연가스를 이용한 공업

비료를 만드는 화학 비료 공업이 대표적이에요. 중화학 공업은 중공업과 화학 공업이 합쳐진 낱말이에요. 옛날에는 집 안에서 이루어지던 가내 수공업이 많았어요. 집 안에서 직접 손으로 만든다는 뜻이어서 '손 수(手)' 자를 써요. 대부분의 전통 공예품들은 가내 수공업으로 만들어졌지요. 공예는 물건을 만드는 재주와 기술을 뜻하는 말이에요.

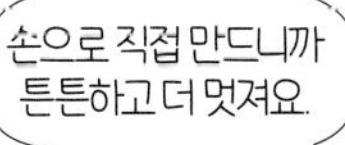

생활을 편리하게 만드는 산업

첨단은 시대나 유행의 맨 앞장이라는 말이에요. 그럼 첨단 산업은 산업의 맨 앞에 서서 다른 산업을 이끈다는 말이겠죠?

처음에는 컴퓨터, 텔레비전 같은 전자 제품에 들어가는 반도체를 만드는 반도체 산업이 첨단 산업의 역할을 했어요. 그 후 사람들이 지구 밖의 우주로 눈을 돌리면서 항공 우주 산업이 발달했지요. 항공기를 만드는 항공기 산업과 미사일, 로켓 등을 만드는 우주 산업이 합쳐져서 항공 우주 산업이에요. 생물이 가지고 있는 특성을 이용한 생명 공학 산업도 크게 발전하고 있어요. 세포와 유전자를 연구해서 불치병을 치료하거나 새로운 약품을 만들어요. 산업 시설이 모여 있는 곳은 산업 단지, 물건을 나르는 데 이용하는 도로는 산업 도로, 공장에서 쓰고 버리는 더러운 물은 산업 폐수라고 해요.

화학 비료(化學 肥살찔 비 料헤아릴 료) **공업**
화학 비료를 만드는 공업

중화학(重化學) **공업**
중공업과 화학 공업

가내수(家집 가 內안 내 手손 수) **공업**
집 안에서 이루어지던 수공업

공예(工장인 공 藝재주 예)
물건을 만드는 재주와 기술

첨단 산업(尖뾰족할 첨 端끝 단 產낳을 산 業)
앞에서 다른 산업을 이끄는 산업

반도체(半반 반 導인도할 도 體몸 체) **산업**

항공 우주(航배 항 空빌 공 宇집 우 宙집 주) **산업**
항공기 산업과 우주 산업

생명 공학(生날 생 命목숨 명 工學) **산업**
생물이 가지고 있는 특성을 이용한 산업

산업 단지(團둥글 단 地땅 지)

산업 도로(道길 도 路길 로)

산업 폐수(廢폐할 폐 水)

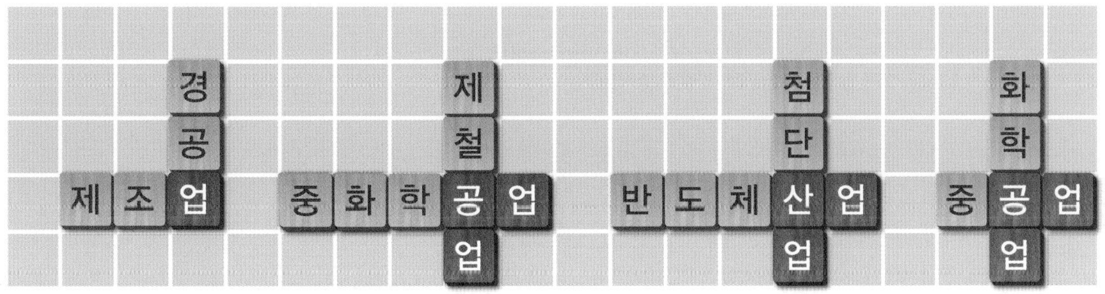

1 설명을 읽고, 알맞은 낱말을 쓰세요.

옛 사람들에게 시작되어서 우리들에게까지 전해 내려오는 문화와 신앙, 풍습을 뜻하는 말 → ☐☐

2 주어진 낱말을 넣어 문장을 완성하세요.

1) 정 월 초 하 루 / 월 대 보 름

☐☐ ☐☐☐는 음력 1월 1일로, 설날이라고도 하는 새해의 첫날을 말하고 ☐☐ ☐☐☐은 음력 1월 15일로, 일 년 중 달이 가장 크게 보이는 날이라 특별한 일들을 하며 보냈어.

2) 쥐 불 놀 이 / 윷 놀 이

편을 갈라 윷을 던져 노는 민속놀이는 ☐☐☐이고, 정월 대보름날 논밭에 불을 붙이며 복을 기원하는 놀이는 ☐☐☐☐야.

3) 세 시 풍 속 / 세 배

일 년 중 계절마다 날을 정해 놓고 지내는 그때그때의 풍속을 ☐☐ ☐☐이라 하고, 그중 설날은 새해의 첫날이라 가족과 이웃 어른들께 예를 갖춰서 ☐☐를 드리지.

3 문장에 어울리는 낱말을 골라 ○표 하세요.

1) 음력 12월 30일경은 (섣달그믐 / 삼짇날)(으)로 한 해의 마지막 날이었어.

2) 1월의 대표적인 명절은 설날과 (단오 / 정월 대보름)(이)야.

3) 추석에는 (송편 / 오곡밥)을 먹어.

민속
풍속
윷놀이
민속놀이
세시 풍속
설날
정월 초하루
정월
정월 대보름
오곡밥
다리밟기
쥐불놀이
달집태우기
더위팔기
삼짇날
단오
추석
섣달그믐
유두
칠석
백중

1 공통으로 들어갈 낱말을 쓰세요.

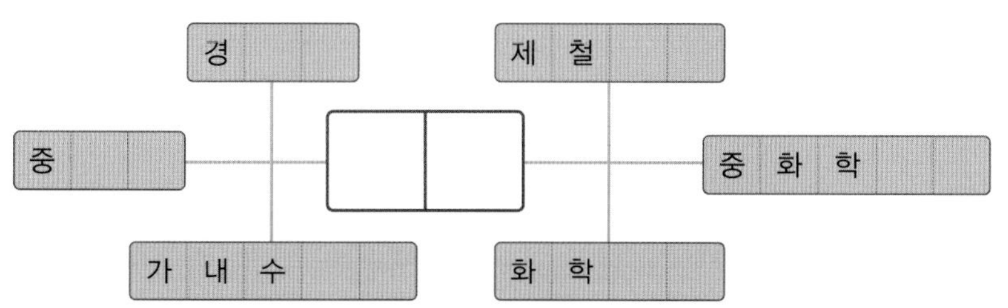

2 주어진 낱말을 넣어 문장을 완성하세요.

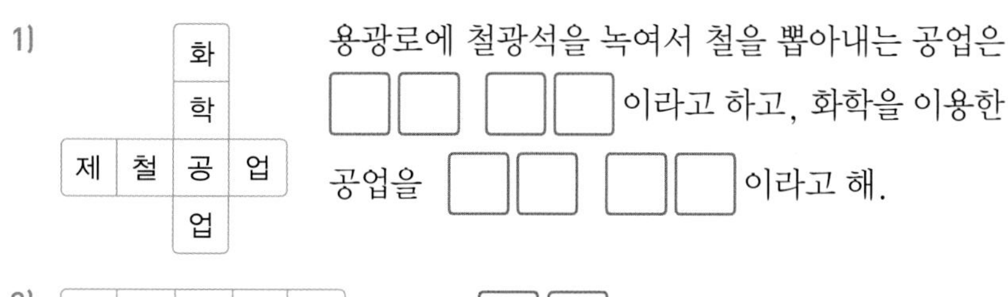

1) 용광로에 철광석을 녹여서 철을 뽑아내는 공업은 □□ □□이라고 하고, 화학을 이용한 공업을 □□ □□이라고 해.

2) 전통 □□품들은 대개 직접 손으로 만드는 □□ □□□으로 만들어졌어.

3 문장에 어울리는 낱말을 골라 ○표 하세요.

1) 환경을 생각한다면 (산업 폐수 / 산업 단지)를 함부로 버리면 안 돼!

2) 앞으로는 (첨단 산업 / 중공업)이 발달해야 다른 나라보다 앞설 수 있어.

4 예문에 공통으로 들어갈 낱말을 써넣으세요. [사회]

□□은 무엇을 어떻게 만들어 내느냐에 따라 구분할 수 있다. 자연을 이용해 생산물을 얻는 농업, 축산업, 수산업은 1차 □□이라고 하고, 자연을 이용하지 않고 생산물을 얻는 공업, 건설업 등을 2차 □□이라고 한다.

- 공업
- 산업
- 제조업
- 경공업
- 중공업
- 제철 공업
- 화학 공업
- 석유 화학 공업
- 화학 비료 공업
- 중화학 공업
- 가내 수공업
- 공예
- 첨단 산업
- 반도체 산업
- 항공 우주 산업
- 생명 공학 산업
- 산업 단지
- 산업 도로
- 산업 폐수

절에는 불탑과 불상이 있어

불교는 '부처 불(佛)', '가르칠 교(敎)' 자가 합쳐진 말로 부처(석가모니)의 가르침이라는 뜻이에요. 불교를 믿음으로 삼는 사람들은 절을 다녀요. 절에는 부처의 모습을 표현한 조각상인 불상을 만들어 놓았어요. 또 부처를 기리고 부처를 상징하는 불탑이 있지요.

석탑과 절의 이름을 나타내는 말, 말, 말!

석탑은 돌로 쌓은 탑이에요. 탑이 세워진 절의 이름을 따서 석탑의 이름을 붙였어요. 절은 사라지고 터만 남아 있는 경우에는 터 지(址) 자를 붙여요.

감은사지 3층 석탑은 경주의 감은사 절터에 두 개의 탑이 나란히 서 있는 통일 신라 시대의 석탑이에요. 미륵사지 석탑은 익산 미륵사 터에, 부여 정림사지 5층 석탑은 정림사 터에 남아 있는 백제의 석탑이에요. 경천사 10층 석탑은 경천사에 세웠던 고려 시대의 석탑이고요.

절 이름은 '절 사(寺)' 자로 끝나요.

불국사는 경주에 있는 신라 시대의 절이에요. 부처 나라의 절이

佛 부처 불	塔 탑 탑

절에 세워 부처를 기리고 부처를 상징하는 탑

- **불교**(佛 敎가르칠 교)
  인도의 석가모니가 처음 만든 종교
- **불상**(佛 像모양 상)
  부처의 모습을 표현한 상
- **감은사지 3층 석탑**(感느낄 감 恩은혜 은 寺절 사 址터 지 三석 삼 層층 층 石돌 석 塔)
- **미륵사지 석탑**(彌미륵 미 勒굴레 륵 寺址石塔)
- **부여 정림사지 5층 석탑**(扶도울 부 餘남을 여 定정할 정 林수풀 림 寺址 五다섯 오 層石塔)
- **경천사 10층 석탑**(敬공경 경 天하늘 천 寺 十열 십 層石塔)

라는 뜻으로, 설 주변에 석굴암 석굴이 있어요. 석굴암의 암은 '암자 암(庵)'으로 큰 절에 딸린 작은 절이라는 뜻이에요. 통일 신라 시대에 지어진 감은사, 신라 시대의 절인 황룡사, 백제시대에 지어진 가장 큰 절 미륵사도 있어요.

불상 이름을 나타내는 말, 말, 말!

금동 미륵보살 반가 사유상이라는 삼국 시대 불상이 있어요. 지금부터 이름을 낱낱이 파헤쳐 봐요.

> 금과 동으로 만들어진 금동(金銅), 모든 악을 없애고 세상을 구원해 줄 미래의 부처님이 미륵보살(彌勒菩薩), 한쪽 다리를 무릎에 얹은 채 반가(半跏), 두루 생각하는 사유(思惟), 조각 상(像)

금과 동으로 만들어진 미래의 부처님이 한쪽 다리를 무릎에 얹은 채 생각하는 조각상이라는 뜻이네요. 덧붙여, 미륵보살을 믿고 받드는 것을 미륵 신앙이라고 해요.

서산 마애 삼존 불상은 서산에 있는 바위에 새긴 세 분의 부처라는 뜻이에요. 입가에 인자한 미소를 짓고 있어 백제의 미소라고 불려요. 금동 연가 칠년명 여래 입상은 금과 동으로 만들어진, '연가 7년'에 만든, 서 있는 석가모니 조각이라는 뜻이에요.

- **불국사**(佛 國나라 국 寺)
  경주에 있는 신라시대의 절
- **석굴암 석굴**
  (石 窟굴 굴 庵암자 암 石窟)
  불국사 안에 있는 굴로 된 작은 암자
- **감은사**(感 恩은혜 은 寺)
- **황룡사**(皇임금 황 龍용 룡 寺)
- **미륵사**(彌미륵 미 勒굴레 륵 寺)
- **금동 미륵보살 반가 사유상**
  (金금 금 銅구리 동 彌勒 菩보살 보 薩보살 살 半반 반 跏책상다리할 가 思 惟생각할 유 像)
- **미륵 신앙**(彌勒 信믿을 신 仰우러를 앙)
  미륵보살을 믿고 받드는 것
- **서산 마애 삼존 불상**
  (瑞상서 서 山 磨갈 마 崖언덕 애 三 尊높을 존 佛像)
  서산에 있는 바위에 새긴 세 분의 부처상
- **금동 연가 칠년명 여래 입상**
  (金銅 延늘일 연 嘉아름다울 가 七일곱 칠 年년 년 銘새길 명 如같을 여 來올 래 立설 립 像)
  금과 동으로 만들어진, 연가 7년에 만든, 서 있는 석가모니 조각

왕의 이름에는 '조상 조(祖)', '으뜸 종(宗)', 또는 '임금 군(君)' 자가 붙어요. 태조, 태종, 연산군을 예로 들 수 있어요. 조, 종, 군은 묘호라고 하는데 왕이 죽은 후에 후세의 평가에 따라 다르게 지어져요.

'할아버지 조(祖)' 자가 붙은 왕들

조(祖)는 대체적으로 새로운 왕조를 열거나, 거의 망한 왕조를 다시 일으켜 세운 왕, 업적이나 공이 많은 왕에게 붙였다고 해요. 고려를 멸망시키고 조선을 세운 왕은 태조 이성계예요. 새로운 왕조인 조선을 열었으니 '조' 자가 붙은 거죠. 세조는 어린 조카인 단종을 몰아내고 왕의 자리에 올랐지만 나라의 혼란을 잠재우고 경국대전 편찬사업을 시작하는 등 많은 일을 했어요.
임진왜란이 일어났던 선조 이후에는 종보다 조 자가 붙은 이름이 더 많아졌다고 해요. 임진왜란을 극복하고, 쑥대밭이 된 나라를 다시 일으켜 세우려는 노력을 했기 때문이지요.
조선 후기의 영조와 정조는 똑똑한 인재를 고르게 관리로 쓰는 탕평책을 펼쳤어요. 특히 정조는 나라를 개혁하기 위해 노력했

太 클 태	祖 조상 조
조선을 세운 왕 이성계	

- **세조**(世 인간 세 祖)
- **선조**(宣 베풀 선 祖)
- **임진왜란**(壬 북방 임 辰 별 진 倭 왜나라 왜 亂 어지러울 란)
  임진년(1592년)에 일본이 우리 나라를 침입하여 일으킨 난리
- **영조**(英 꽃부리 영 祖)
- **정조**(正 바를 정 祖)
- **탕평책**
  (蕩 방탕할 탕 平 평평할 평 策 꾀 책)
  고르게 인재를 등용하던 정책
- **순조**(純 순수할 순 祖)
- **홍경래의 난**(亂 어지러울 난)
  19세기 초 홍경래의 주도로 일어난 농민 항쟁

어요. 정조의 뒤를 이은 순조는 농민들의 반란인 홍경래의 난을 진압했다는 이유로 '조' 자가 붙여졌다고 해요.

인조는 인조반정으로 왕이 되었어요. 인조반정이란 광해군을 몰아내고 인조를 왕위에 올린 사건을 말해요.

종, 군 자가 붙은 왕들

이번에는 종(宗) 자가 붙은 왕들이에요. '종'은 대체적으로 덕으로 백성을 다스린 왕에게 붙여요. 태종은 백성들의 어려움을 직접 듣기 위해 신문고를 설치했고, 국방 강화를 위한 군사 훈련을 했어요. 성종은 정치와 교육 제도를 통해 유교 정신을 이루고자 했어요.

한글을 창제하고 천문학과 과학 기술을 발전시킨 세종도 있고, 과거 제도의 모순을 시정하고자 현량과를 실시한 중종도 있어요.

연산군, 광해군처럼 쫓겨난 왕들에게는 군(君) 자를 붙였어요. 연산군은 무오사화와 갑자사화를 일으키는 등 폭정을 일삼아 결국 왕위에서 쫓겨났고, 광해군도 인조반정으로 왕위에서 쫓겨났어요.

- **인조**(仁 어질 인 祖)
- **인조반정**(仁祖 反 돌이킬 반 正) 광해군을 몰아내고 인조를 왕위에 올린 사건
- **태종**(太 宗 마루 종)
- **성종**(成 이룰 성 宗)
- **세종**(世宗)
- **현량과**(現 어질 현 良 어질 량 科 과목 과) 학문에 밝고 덕이 높은 사람을 추천해 시험을 보아 뽑던 과거 제도
- **중종**(中 가운데 중 宗)
- **연산군**(燕 제비 연 山 뫼 산 君 임금 군)
- **무오사화**(戊 천간 무 午 낮 오 士 선비 사 禍 재앙 화) 훈구파가 사림파를 모함하여 많은 선비들이 죽임을 당한 재앙
- **갑자사화**(甲 갑옷 갑 子士禍) 연산군 10년에 그 어머니 폐위 때 관계한 신하들을 죽인 일
- **광해군**(光 빛 광 海 바다 해 君)

씨낱말 블록 맞추기

불 탑
상

_____월 _____일 / 정답 143쪽

1 설명을 보고, 알맞은 낱말을 쓰세요.

1) 절에 있는 부처의 모습을 표현한 조각상 → ☐☐

2) 절에 있는 부처를 기리고 부처를 상징하는 탑 → ☐☐

2 주어진 낱말을 넣어 문장을 완성하세요.

1) 감 / 은 / 미 륵 사

미륵사지 석탑이 있는 백제의 절 이름은 ☐☐☐이고, 감은사지 3층 석탑이 있는 통일 신라 시대 절의 이름은 ☐☐☐야.

2) 불 교 / 국 / 사

부처의 가르침을 믿고 따르는 종교는 ☐☐이고, 신라 시대에 지어진 경주에 있는 절로 부처 나라의 절이라는 뜻을 가진 절의 이름은 ☐☐☐야.

3 문장에 어울리는 낱말을 골라 ○표 하세요.

1) 석굴암이 있는 경주의 절 이름은 (불국사 / 황룡사)야.

2) 금과 동으로 만들어져, 세상을 구원할 미래의 부처님이 한 쪽 다리를 무릎에 얹은 채 두루 생각하는 부처님 조각상의 이름은 (금동 미륵보살 반가 사유상 / 금동 연가 칠년명 여래 입상)이야.

3) 정림사 터에 남아 있는 백제의 석탑은 (경천사 10층 석탑 / 부여 정림사지 5층 석탑)이야.

불탑
불교
불상
감은사지 3층 석탑
미륵사지 석탑
부여 정림사지 5층 석탑
경천사 10층 석탑
불국사
석굴암 석굴
감은사
황룡사
미륵사
금동 미륵보살 반가 사유상
미륵 신앙
서산 마애 삼존 불상
금동 연가 칠년명 여래 입상

태 조
종

______월 ______일 / 정답 143쪽

1 공통으로 들어갈 낱말을 쓰세요.

1) 조상이라는 뜻으로, 왕 이름 끝에 붙인 글자 → ☐

2) 으뜸이라는 뜻으로, 왕 이름 끝에 붙인 글자 → ☐

3) 왕위에서 쫓겨난 왕 이름 끝에 붙인 글자 → ☐

2 주어진 낱말을 넣어 문장을 완성하세요.

1) 광 해 / 연 산 군

무오사화와 갑자사화 등 폭정을 행해 쫓겨난 왕은 ☐☐☐, 인조반정으로 왕위에서 쫓겨난 왕은 ☐☐☐이야.

2) 성 / 세 종

정치와 교육 제도를 통해 유교 정신을 이루고자 했던 조선의 왕은 ☐☐이고, 한글을 창제하고 천문학과 과학 기술을 발전시킨 조선의 왕은 ☐☐이야.

3 문장에 어울리는 낱말을 골라 ○표 하세요.

1) 덕으로 백성을 다스린 왕에게는 이름 끝에 (종 / 조)이(가) 붙어.

2) 왕위에서 쫓겨난 왕에게는 이름 끝에 (종 / 군)을(를) 붙였어.

4 예문에 어울리는 낱말을 써넣으세요. [한국사]

조선의 제4대 왕인 ☐☐은 한글 창제 및 문화 발전을 위해 노력한 왕이다. ☐☐은 집현전을 확대하고 학문을 연구하였으며, 과학 기술을 발전시켰다. 무엇보다 ☐☐은 한글을 창제하여 백성들이 글을 익혀서, 억울한 일이 없도록 하였다.

태조
세조
선조
임진왜란
영조
정조
탕평책
순조
홍경래의 난
인조반정
인조
태종
성종
세종
현량과
중종
연산군
무오사화
갑자사화
광해군

평면도 기둥도 뿔도, 모두 도형이야

도형은 '그림 도(圖)', '모양 형(形)' 자로 이루어진 말로 그림의 모양이라고 풀이돼요. 원, 삼각형 같은 도형은 종이 같은 평면에 그릴 수 있지만 원기둥, 원뿔, 삼각뿔 같은 입체 도형은 평면에 그릴 수 없게 돼요.

어떻게 하면 입체 도형을 평면에 나타낼 수 있을까요? 그건 바로 전개도로 나타내는 건데요, 입체 도형을 펼쳐서 평면에 나타낸 그림이지요.

도형을 여러 가지 방법으로 그리기

그림 도(圖) 자가 끝에 들어간 낱말을 알아볼까요?

눈금 없는 자와 컴퍼스만을 사용하여 도형을 그리는 것을 작도라고 해요. 그림, 설계도, 지도 등을 그리는 것도 작도라고 해요.

겨냥도는 입체 도형의 모양을 잘 알 수 있게 그린 그림이에요. 입체 도형의 안을 들여다본다고 생각하면 돼요.

'나무 수(樹)', '모양 형(形)' 자가 쓰인 수형도는 나뭇가지 모양의 그림이에요. 수형도는 어떤 일이 일어날 수 있는 경우의 가짓수를 구할 때에 주로 사용해요.

圖	形
그림 도	모양 형

그림의 모양

- **원(圓** 둥글 원**)기둥**
  밑면이 원으로 된, 기둥 모양의 입체 도형
- **원(圓)뿔**
  밑면이 원으로 된 뿔 모양의 입체 도형
- **삼각(三** 석 삼 **角** 뿔 각**)뿔**
  밑면이 삼각형인 각뿔
- **전개도(展** 펼 전 **開** 열 개 **圖)**
  입체 도형을 펼쳐서 평면에 나타낸 그림
- **작도(作** 지을 작 **圖)**
  눈금 없는 자와 컴퍼스만을 사용하여 도형을 그리는 것
- **겨냥도(圖)**
  입체 도형의 모양을 잘 알 수 있게 그린 그림

비록 '그림 도(圖)' 자가 들어가지 않지만 기하학은 도형 및 공간에 대하여 연구하는 학문이에요. 기하학을 응용한 기하학 무늬도 있지요.

도형을 여러 가지 방법으로 움직이기

도형을 이리저리 움직여 봐요.

도형 밀기는 도형을 위쪽, 아래쪽, 왼쪽, 오른쪽으로 미는 거예요. 이때 도형의 모양과 크기는 변하지 않고 위치만 변해요.

이번에는 도형을 뒤집어 볼까요? 한 직선을 축으로 하여 도형을 오른쪽이나 왼쪽, 위쪽이나 아래쪽으로 뒤집는 것은 도형 뒤집기예요. 도형이 거울에 비친 모양은 뒤집기를 한 모양과 같아요. 거울에 비추었을 때의 모양은 원래 모양의 오른쪽과 왼쪽 또는 위, 아래의 방향이 바뀌어 있어요.

이번에는 도형을 돌려 볼까요?

한 점을 중심으로 도형을 돌리는 것을 도형 돌리기라고 해요. 도형을 시계 방향이나 시계 반대 방향으로 돌릴 수 있어요.

도형 덮기도 할 수 있어요. 어떤 도형을 다른 도형으로 빈틈없이 겹치는 부분 없이 싹 덮는 거예요. 도형 덮기는 도형을 뒤집거나 돌리는 등 여러 가지 방법이 있어요.

수형도
(樹나무 수 形모양 형 圖)
나뭇가지 모양의 그림 / 어떤 일이 일어날 수 있는 경우의 가짓수를 구할 때 사용함

기하학
(幾몇 기 何어찌 하 學배울 학)
도형과 공간에 대하여 연구하는 학문

도형 밀기
도형을 위쪽, 아래쪽, 왼쪽, 오른쪽으로 미는 것

도형 뒤집기
도형을 오른쪽이나 왼쪽, 위쪽이나 아래쪽으로 뒤집는 것

도형 돌리기
한 점을 중심으로 도형을 돌리는 것

도형 덮기
어떤 도형을 다른 도형으로 빈틈없이 덮는 것

전개도 / 작도 / 삼각뿔 / 원뿔 / 수형도 / 겨냥도 / 도형 밀기 / 도형 뒤집기 / 도형 덮기 / 도형 돌리기

씨낱말 | 교과 내용어

언어 속의 단어들

우리는 생각과 느낌을 표현하고 친구들과 수다를 떨 때 말을 해요. 이 '말'을 한자어로 언어라고 해요. 언어는 말뿐만 아니라 글도 포함한답니다.

말 중에 뜻을 가지고 있으면서 혼자 쓰일 수 있는 가장 작은 말의 덩어리는 낱말이에요. 낱말은 한자어로 단어라고 하지요.

言	語
말씀 언	말씀 어

자신의 생각과 느낌을 표현하는 말이나 글

단어와 관련된 말, 말, 말!

낱말은 말의 중심이 되는 어근과 접사로 이루어져 있어요. 접사는 혼자 쓰이지 않고 다른 단어 앞, 뒤에 붙어서 뜻을 설명해 줘요. '아직 덜 익다'는 뜻의 접사인 '풋'은 혼자서는 쓰이지 않고, '사과'나 '사랑' 같은 단어 앞에 붙어요. 이렇게 해서 '풋사과'는 '덜 익은 사과', '풋사랑'은 '덜 익은 사랑'이라는 뜻이 되는 거죠.

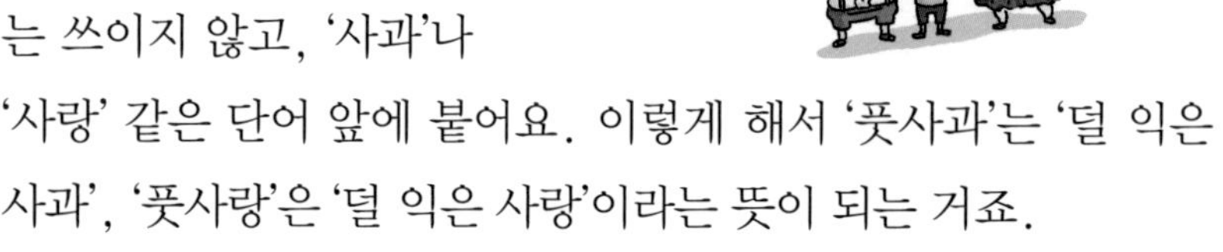

- **단어**(單홑 단 語)
  뜻을 가지고 있으면서 혼자 쓰일 수 있는 가장 작은 말의 덩어리 = 낱말
- **어근**(語 根뿌리 근)
  말의 중심이 되는 부분
- **접사**(接이을 접 辭말씀 사)
  다른 단어의 앞, 뒤에 붙어 뜻을 설명하는 말
- **풋사과**(沙모래사 果과일 과)
  아직 덜 익은 사과
- **풋사랑**
  덜 익은 사랑

앞에 붙으면 머리 두(頭) 자를 써서 접두사,
뒤에 붙으면 꼬리 미(尾) 자를 써서 접미사라고 불러요.
'사과'는 '풋' 같은 접사를 붙여도 '사과'라는 뜻이 없어지지 않아요. 그래서 '사과'처럼 뜻의 중심이 되는 낱말은 말의 뿌리, 어근이라고 해요.
그런데 '사과인지'라는 말에서 변할 수 있는 부분이 또 있어요. '인지', 대신에 '라서'를 넣을 수도 있겠죠? 이렇게 말끝에 붙어 이런저런 모양으로 변하는 것을 어미라고 하고, 사과처럼 변하지 않은 줄기를 어간이라고 불러요. 그리고 이러한 많은 낱말들의 모임을 어휘라고 해요.

언어와 관련된 말, 말, 말!
은밀하게 자기들끼리 쓰는 말은 은어,
유행하는 말은 유행□,
시에 있거나 시에서 쓰는 말은 시□,
한 나라에서 표준으로 정한 말은 표준□예요.
앞에 아닐 비(非) 자가 붙은 비언어는 말이 아닌 몸짓, 표정, 손짓 등을 말해요.
외국에서 들어와 우리말처럼 자연스럽게 쓰이는 말은 외래어,
다른 나라의 말은 외국어,
또 어느 한 지방에서만 쓰는 말은 방언 또는 사투리라고 하지요.

접두사(接 頭머리 두 辭)
앞에 붙은 접사

접미사(接 尾꼬리 미 辭)
뒤에 붙은 접사

어미(語 尾)
말의 끝 부분

어간(語 幹줄기 간)
변하지 않는 말의 줄기

어휘(語 彙무리 휘)
많은 낱말들이 모임

은어(隱숨을 은 語)

유행어
(流흐를 유 行다닐 행 語)

시어(詩語)

표준어
(標표할 표 準준할 준 語)

비언어(非아닐 비 言語)
말이 아닌 몸짓, 표정, 손짓 등

외래어
(外바깥 외 來올 래 語)
외국에서 들어와서 우리말처럼 자연스럽게 쓰이는 말

외국어(外 國나라 국 語)
다른 나라 말

방언(方지역 방 言)
어느 한 지방에서만 쓰는 말
= 사투리

1 공통으로 들어갈 낱말을 쓰세요.

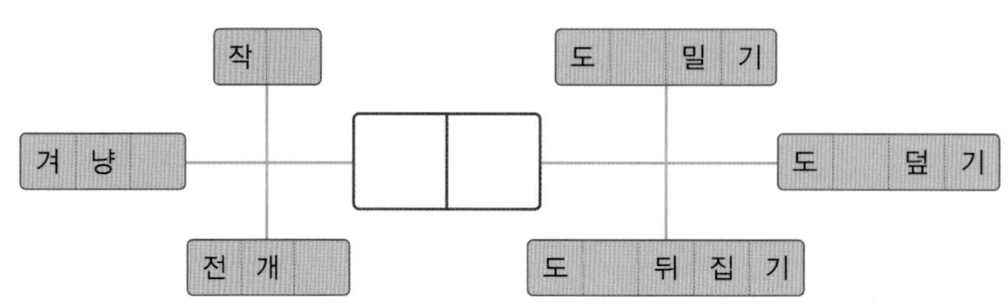

2 주어진 낱말을 넣어 문장을 완성하세요.

1) 삼 / 각 / 원 뿔

밑면이 원으로 된 뿔 모양의 입체 도형은 □□, 밑면이 삼각형으로 된 각이 있는 뿔 모양의 입체 도형은 □□□이야.

2) 전 / 개 / 겨 냥 도

입체 도형의 모양을 잘 알 수 있게 입체 도형의 안을 들여다본 그림은 □□□이고, 입체 도형을 펼쳐서 평면에 나타낸 그림은 □□□야.

3) 작 / 도 형 덮 기

어떤 도형을 다른 도형으로 빈틈없이 덮는 것은 □□ □□이고, 컴퍼스와 자를 이용하여 도형을 그리는 것을 □□라고 해.

3 문장에 어울리는 낱말을 골라 ○표 하세요.

1) 도형과 공간에 대하여 연구하는 학문은 (기하학 / 수형도)이(라)고 해.

2) 눈금 없는 자와 컴퍼스만을 사용해 도형을 그리는 것을 (겨냥도 / 작도) 라고 해.

3) 한 점을 중심으로 도형을 돌리는 것은 (도형 돌리기 / 도형 뒤집기)야.

4) 글자나 도형이 거울에 비친 모양은 (도형 밀기 / 도형 뒤집기)를 한 모양과 같아.

도형
원기둥
원뿔
삼각뿔
전개도
작도
겨냥도
수형도
기하학
도형 밀기
도형 뒤집기
도형 돌리기
도형 덮기

1 공통으로 들어갈 낱말을 쓰세요.

1) 자신의 생각과 느낌을 표현하는 말이나 글 → □□

2) 말 중에 뜻을 가지고 있으면서 혼자 쓰일 수 있는 가장 작은 말의 덩어리 → □□

2 주어진 낱말을 넣어 문장을 완성하세요.

1) 외 국 / 외 래 어

다른 나라의 말은 □□□이고, 외국에서 들어와서 우리말처럼 자연스럽게 쓰이는 말은 □□□야.

2) 어 근 / 간

'풋사과'에서 '사과'처럼 중심이 되는 낱말은 □□, '사과인지'의 '사과'처럼 변하지 않는 말의 줄기는 □□이야.

3 문장에 어울리는 낱말을 골라 ○표 하세요.

1) 덜 익은 사과를 뜻하는 풋사과에서 '풋'은 (접두사 / 접미사)야.

2) 어느 한 지방에서만 쓰는 말은 (사투리 / 은어)라고 해.

4 예문에 공통으로 들어갈 낱말을 써넣으세요. [국어]

□□□는 한 나라에서 표준이 되게 정한 말이다. 우리나라에서는 '교양 있는 사람들이 두루 쓰는 현대 서울말로 정함'을 원칙으로 하고 있다. □□□를 사용하면 국민들이 서로 의사소통을 잘 할 수 있고, 지식과 정보를 보다 쉽게 얻을 수 있다.

언어
단어
낱말
어근
접사
풋사과
풋사랑
접두사
접미사
어미
어간
어휘
은어
유행어
시어
표준어
비언어
외래어
외국어
방언
사투리

어휘 퍼즐

1)		3)			5)				
2)				4)			9)		
	11)			6)					
10)							17)		18)
			7)		8)				
12)									
				15)					
		14)			16)				
13)									

정답 | 143쪽

가로 열쇠

2) 미륵사 터에 있는 석탑
5) 부처의 모습을 표현한 상. 주로 절에 가면 볼 수 있음
6) 왕이 백성들의 생활을 살피기 위해 종종 몰래 ○○을 나감
7) 얼굴에 나타나는 빛깔. 낯빛
9) 말이 아닌 몸짓, 손짓, 표정 등을 일컫는 말
10) 팔 바깥쪽에서 팔꿈치 관절을 움직여 주는 근육
12) 태양의 주위를 도는 별
13) 훌륭하다고 알려진 이름
"독립투사였던 할아버지의 ○○를 더럽히지 말아야지"
14) 사람이 인공적으로 만든 위성
17) 평행한 선

세로 열쇠

1) 말의 끝 부분. 말은 어간과 ○○로 구분할 수 있음
3) 아직 덜 익은 사과
4) 경주 불국사에 있는 굴로 된 작은 암자
5) 절에 세워 부처를 기리고 부처를 상징하는 탑
8) 빛의 줄기, 비슷한 말은 햇살
9) 날아가는 것. "떴다떴다 ○○기"
11) 큰곰자리에서 뚜렷하게 보이는 국자 모양의 7개 별
12) "○○○○된 우리 강아지를 찾아 주세요!"
15) 음력 정월 대보름날에는 ○○를 파는 풍속이 있어요.
16) 별의 집단. 별들이 모여 있는 모양에 따라 구상 ○○, 산개 ○○ 등으로 구분함
18) 좋아하는 정도. "치킨은 ○○○가 높은 음식이야."

종합 문제

_____월 _____일 / 정답 143쪽

1 둘의 관계가 다른 하나는? (　　) 국어능력인증시험형

① 단절 : 절단 ② 분쟁 : 투쟁 ③ 빈곤 : 빈궁

④ 전쟁 : 전투 ⑤ 진보 : 퇴보

2 밑줄 친 부분을 가장 적절한 한자어로 대체한 것은? (　　) 국어능력인증시험형

① 여기는 지역의 중심으로 사람이 많이 모여 사는 곳이다. → 村落(촌락)

② 철수가 아기 밴 여자에게 자리를 양보해 주었다. → 産母(산모)

③ 명수는 10여 년째 나라 밖으로 나가 돌아오지 못하고 있다. → 出港(출항)

④ 새로 태어난 아이의 울음소리 때문에 잠 못 드는 밤이 지속되고 있다. → 新生兒(신생아)

⑤ 갑작스레 전기가 멈춰 서는 바람에 냉장고 음식이 모두 상해 버렸다. → 電光石火(전광석화)

3 밑줄 친 낱말의 뜻이 바르지 않은 것은? (　　) 국어능력인증시험형

① 너는 어디 출신이니? → 자신이 태어나거나 거쳐 온 곳

② 신접살림 재미에 통 연락이 없는 모양이야. → 신혼부부가 새로이 가정을 꾸려 시작하는 살림

③ 이 분은 산파로 잔뼈가 굵은 분이니 안심해도 좋아. → 전파사 종업원

④ 주택가엔 소음 방지 규칙이 있어야 한다. → 불규칙하게 섞인 시끄러운 소리

⑤ 휴대 전화 배터리 충진에 걸리는 시간이 점점 빨라지고 있다. → 전기를 채움

4 괄호 안의 한자가 바르지 않은 것은? (　　) KBS 한국어능력시험형

① 감전(戰) ② 출(出)제 ③ 부동산(産)

④ 문전성시(市) ⑤ 일신(新)우일신

5 **밑줄 친 낱말이 문장의 맥락에 적절치 않게 쓰인 것은? (　　)** KBS 한국어능력시험형

① 오는 듯하다 금방 가버리다니, 신출귀몰하군.

② 시장을 거두는 걸 보니, 파시하려는 모양이네.

③ 전기가 잘못 흘러 새면 누전되기 때문에 위험해.

④ 새로 참여한 신참은 고참에게 배우는 태도가 필요해.

⑤ 훈민정음이란 백성을 가르치는 바른 소리라는 뜻을 가지고 있어.

6 **〈보기〉의 (　　)에 들어갈 알맞은 낱말을 바르게 짝 지은 것은? (　　)** 수학능력시험형

〈보기〉

(가) 한자어의 뜻은 다른 한자와의 관계 안에서 그 뜻을 파악해야 하는 경우가 종종 있습니다. 예를 들어, 끊는다는 뜻으로 쓰이는 절(絶)은 뛰어나다는 뜻으로 쓰이기도 합니다. 뿌리부터 끊어 없애는 것을 (　　)한다고 하지요. 이럴 때에는 끊는다는 뜻입니다.

(나) 반면 뛰어난 경치라고 할 때엔 절경이라고 하지요. 이때에 '절'은 '뛰어나다, 비할 데 없다.'는 뜻입니다. 인기 절정이라는 말을 들어봤을 거예요. 최고의 경지에 달했다는 뜻이죠. 더할 나위 없이 큰 칭찬을 받고 공연이나 전시 따위가 끝났을 때, '(　　)리에 마무리되었다.'고 합니다.

① (가) 근절 (나) 절묘　　② (가) 사절 (나) 절찬　　③ (가) 근절 (나) 절찬

④ (가) 사절 (나) 절묘　　⑤ (가) 거절 (나) 절묘

7 **문맥에 맞는 낱말을 잘못 선택한 것은? (　　)** 수학능력시험형

① 몸에 힘이 없고 나른한 게 (노곤 / 무궁)하다.

② 억지로 사고파는 (강매 / 강조)는 없어져야 하겠다.

③ 회장 후보로 두 명이 나왔으니 (경선 / 경연)을 해야겠네.

④ 이러지도 저러지도 못하는 (고진감래 / 진퇴양난) 상황이야.

⑤ 실력이 엇비슷한 팀들이라 양쪽 모두 (고전 / 해전)하고 있다.

8 〈보기〉의 (가) ~ (라)에 들어갈 고사성어가 바르게 짝 지어진 것은? (   ) 수학능력시험형

〈보기〉

옛날이야기에 바탕을 둔 말을 고사성어라고 합니다. 어디서든 눈에 띌 때엔 (가)(   )이라고 하죠. 무례하고 버르장머리 없이 행동하는 것을 (나)(   )이라고 합니다. (다)(   )은 질서도 규율도 없는 병사나 군중을 말하고, (라)(   )은 기초가 약해 무언가 금방 무너지는 상황에서 쓰는 말입니다.

① (가) 안하무인 (나) 오합지졸 (다) 사상누각 (라) 군계일학

② (가) 오합지졸 (나) 사상누각 (다) 군계일학 (라) 안하무인

③ (가) 사상누각 (나) 군계일학 (다) 안하무인 (라) 오합지졸

④ (가) 군계일학 (나) 안하무인 (다) 오합지졸 (라) 사상누각

⑤ (가) 안하무인 (나) 사상누각 (다) 오합지졸 (라) 군계일학

9 한자와 그 뜻이 바르지 <u>않게</u> 짝 지어진 것은? (   ) 한자능력인증시험형

① 網 – 그물　② 命 – 목숨　③ 强 – 약하다

④ 難 – 어렵다　⑤ 進 – 나아가다

10 〈보기〉의 밑줄 친 낱말 중 한자로 고친 것이 <u>틀린</u> 것은? (   ) 한자능력인증시험형

〈보기〉

(가)망라는 '물고기나 새를 잡는 그물'이라는 뜻으로, '널리 빠짐없이 모으거나 모두 휘몰아 넣어 포함시킨다.'는 의미입니다. (나)무산은 안개가 흩어졌다는 말인데, 어떤 일이나 계획이 어그러져 이루어지지 않을 때 씁니다. 비슷한 말로, (다)무마가 있습니다. 문제가 될 만한 일을 어루만져 달래거나 어물어물 덮어 넘긴다는 의미입니다. (라)봉기는 벌떼처럼 세차게 일어난다는 뜻인데, 사람들이 곳곳에서 일어날 때 씁니다. 마지막으로 (마)파행은 절뚝거리며 걸어간다는 뜻인데, 일이나 계획이 순조롭지 않고 이상하게 진행된다는 의미로 씁니다.

① (가) 網羅　② (나) 霧散　③ (다) 無痲

④ (라) 蜂起　⑤ (마) 跛行

11 밑줄 친 부분을 적절한 낱말로 대체하지 않은 것은? (   ) 국어능력인증시험형

① 참석자 명단에 자기 이름을 써 넣어 주세요. → 작명

② 태양의 주위를 돌며 여행하는 천체엔 지구도 포함되어 있다. → 행성

③ 휴대 전화를 너무 오래 들여다보고 있으면 눈에 해로움이 있다. → 유해

④ 조선 시대엔, 왕명으로 몰래 나가 백성의 민심을 살피곤 했다. → 암행

⑤ 어떤 분야에서 잘해서 뽑힌 사람은 그만큼 피나는 노력을 하기 마련이다. → 선수

12 밑줄 친 낱말의 뜻이 바르지 않은 것은? (   ) 국어능력인증시험형

① 토끼의 행방이 묘연하다. → 간 곳

② 이름난 타자일수록 선구안이 좋다. → 공을 치는 능력

③ 맛있다 소문나 와 보았더니, 유명무실이로세. → 이름은 나 있지만 실속이 없다.

④ 지구 주변엔 수백 개의 인공위성이 돌고 있다. → 사람이 만든 위성

⑤ 한 반에 동명이인이 셋이나 되니 헛갈리기 십상이다. → 같은 이름을 가진 서로 다른 사람

13 〈보기〉의 밑줄 친 (가)~(나)에 들어갈 낱말로 옳은 것은? (   ) 수학능력시험형

〈보기〉

다른 사람들과 수다 떨며 생각과 느낌을 표현하는 말을 언어라고 합니다. 언어는 말뿐만 아니라 자신의 생각과 느낌을 표현한 글도 포함된답니다. 뜻을 가지고 있으면서 혼자 쓰일 수 있는 가장 작은 말의 덩어리가 낱말이에요. 낱말은 한자어로 (가)(   )라고 해요. 낱말은 어근과 (나)(   )(으)로 이루어져 있죠. '풋사과' 또는 '풋사랑'에서 사과 또는 사랑은 어근이고 '풋'은 이것이에요. 여기서 풋은 '아직 덜 익다'라는 뜻을 가지고 있죠.

① (가) 단어 (나) 어간　② (가) 어휘 (나) 접사　③ (가) 단어 (나) 접사

④ (가) 어휘 (나) 어간　⑤ (가) 단어 (나) 어미

14 **밑줄 친 낱말이 문장의 맥락에 적절하지 않게 쓰인 것은? (　　)**

① 대행이란 누군가를 위해 대신한다는 뜻이죠.

② 함께 쓰고 함께 소유하는 물건을 사유하는 물건이라고 해.

③ 국회에 처음으로 들어간 국회 의원을 초선 의원이라고 불러.

④ 한석봉이 명필이라 불리는 까닭은 붓글씨 솜씨가 뛰어나기 때문이야.

⑤ 전혀 알려져 있지 않았던 그는 혜성처럼 나타나 사람들을 놀라게 했다.

15 **문맥에 맞는 낱말을 잘못 선택한 것은? (　　)** 수학능력시험형

① (공업 / 공단)은 산업의 한 종류다.

② (성단 / 은하)엔 수천만 개, 수천억 개의 별이 모여 있다.

③ 뼈와 뼈가 이어져 있는 부분을 (골격 / 뼈마디)(이)라고 한다.

④ 절에 가면 부처의 모습을 표현한 (불상 / 불탑)을 볼 수 있다.

⑤ 오월 (단오 / 추석)에 여자들은 창포 삶은 물에 머리를 감았다.

16 **〈보기〉의 밑줄 친 (가) ~ (다)에 들어갈 낱말이 바르게 짝 지어진 것은? (　　)** 수학능력시험형

〈보기〉

조선 시대 왕들의 이름 뒤엔 조(祖), 종(宗) 또는 군(君)을 붙입니다. (가)(　　　)(은)는 대체적으로 덕으로 백성을 다스린 왕에게 붙입니다. (나)(　　　)(은)는 쫓겨난 왕들에게 붙였습니다. 왕의 자격을 빼앗은 것이지요. 마지막으로 (다)(　　　)(은)는 대체적으로 새로운 왕조를 열거나 거의 망한 왕조를 다시 일으켜 세운 왕, 또는 업적이나 공이 많은 왕에게 붙였다고 합니다.

① (가) 종(宗) (나) 조(祖) (다) 군(君)

② (가) 군(君) (나) 종(宗) (다) 조(祖)

③ (가) 종(宗) (나) 군(君) (다) 조(祖)

④ (가) 군(君) (나) 조(祖) (다) 종(宗)

⑤ (가) 조(祖) (나) 군(君) (다) 종(宗)

문해력 문제

톡톡 문해력 일기 **다음 일기를 읽고, 문제를 풀어 보세요.**

20○○년 ○월 ○일	날씨: 구름이 조금

오늘은 사촌 동생 해진이의 돌잔치가 있는 날이다. 이모가 해진이를 출산한 지 꼭 일 년이 된 날이자, 해진이의 첫 생일이다. 나는 부모님과 함께 돌잔치가 열리는 식당으로 갔다. 이모와 이모부가 우리를 반갑게 맞아 주셨다. 고운 한복을 입은 해진이는 인형처럼 예뻤다.
얼마 뒤 돌잡이 시간이 됐다. 돌잡이 상에는 실, 마이크, 돈, 연필, 축구공, 판사 봉, 청진기가 올려져 있었다. 이모는 '청진기', 이모부는 '돈'이라고 외치셨다. 해진이는 어리둥절한 표정으로 이리저리 둘러보더니 마이크를 잡았다. 사람들이 모두 박수를 쳐 주었다.

1 이 글의 중심 낱말을 쓰세요.

(   )

2 이 글의 중심 내용을 쓰세요.

3 밑줄 친 낱말의 반대말은? (   )

① 기쁘게 ② 뜨악하게 ③ 즐겁게 ④ 흐뭇하게

4 이 글의 내용으로 알 수 없는 것은? (   )

① 해진이는 글쓴이의 사촌 동생이다.

② 해진이는 돌잡이에서 마이크를 잡았다.

③ 이모는 해진이가 청진기를 잡기를 바랐다.

④ 이모는 엄마의 큰언니다.

톡톡 문해력 설명문 다음 설명문을 읽고, 문제를 풀어 보세요.

훈민정음은 세종 대왕이 1443년에 창제하고 1446년에 반포한 우리나라 고유의 문자이다. '백성을 가르치는 바른 소리'라는 뜻으로, 지금은 '한글'이라고 한다. 세계에서 가장 과학적인 문자라고 칭송받고 있다. 훈민정음은 어떻게 만들었는지 창제 과정과 글자의 원리를 알 수 있는 유일한 문자다.
세종 대왕이 훈민정음을 만들기 전에는 우리나라 사람들은 중국의 문자인 한자를 써야 했다. 하지만 한자는 너무 어려워서 양반들이나 쓸 수 있었다. 한자를 배우지 못한 백성들은 글로 자신의 생각을 알릴 수 없었다. 세종 대왕은 백성들을 불쌍하게 여겨 누구나 쉽게 배울 수 있도록 훈민정음을 만들었다.
훈민정음은 자음 17자와 모음 11자로 이루어져 있는데, 자음과 모음을 <u>조합</u>하여 우리가 하는 모든 말을 나타낼 수 있다.

1 이 글의 중심 낱말은 무엇인지 쓰세요.

(   )

2 이 글의 중심 내용을 쓰세요.

3 밑줄 친 낱말과 바꿔 쓸 수 있는 것은? (   )

① 섞어 ② 쪼개어 ③ 바꾸어 ④ 분해하여

4 이 글의 내용과 <u>다른</u> 것은? (   )

① 훈민정음은 세종 대왕이 창제했다.

② 훈민정음은 자음과 모음을 조합하여 글자를 만든다.

③ 훈민정음을 만들기 전에 우리나라는 로마자를 썼다.

④ 훈민정음은 세계에서 가장 과학적인 문자로 칭송받는다.

정답

1장 씨글자

市 도시 시 | 10~11쪽

1. 市
2. 1) 대도시 2) 시가행진 3) 시장 4) 상설 시장 5) 파시
3. 1) 문전성시 2) 신도시 3) 시중 4) 시가 5) 재래시장
4. 1) 시정, 시청 2) 상설 시장, 정기 시장 3) 시판 4) 파시 5) 시민
5. 시중, 문전성시
6. 1) 파시 2) 신도시 3) 철시

産 낳을 산 | 16~17쪽

1. 産
2. 1) 국내산 2) 전통 산업 3) 산란 4) 출산 / 해산 5) 특산물
3. 1) 국내산 2) 특산물 3) 수산물 4) 출산 / 해산 5) 생산
4. 1) 산란기, 산란지 2) 산부인과, 산파 3) 광산물
4) 재산 5) 부동산
5. 산
6. 1) 산모 2) 산란 3) 부동산

出 날 출 | 22~23쪽

1. 出
2. 1) 출항 2) 출생 3) 출하 4) 신출귀몰 5) 출발
3. 1) 출근 2) 출토 3) 출생 4) 제출 5) 출제
4. 1) 출품 2) 외출 3) 기출 4) 출현
5. 1) 출현 2) 신출귀몰
6. 1) 출제 2) 출항 3) 출력

新 새 신 | 28~29쪽

1. 新
2. 1) 신조어 2) 신혼부부 3) 신문 4) 일신우일신 5) 혁신
3. 1) 신문 2) 신곡 3) 신축 4) 경신 5) 신인
4. 1) 신조어 2) 신제품 3) 신부 4) 신법 5) 신세대, 구세대
5. 일신우일신
6. 신진대사

電 전기 전 | 34~35쪽

1. 電
2. 1) 전구 2) 발전기 3) 누전 4) 전자 상가 5) 두꺼비집
3. 1) 정전 2) 충전 3) 발전소 4) 전광석화 5) 감전
4. 1) 발전기 2) 전신주 3) 감전 4) 누전 5) 가전 제품
5. 전
6. 1) X 2) O 3) X 4) O

音 소리 음 | 40~41쪽

1. 音
2. 1) 진동음 2) 녹음 3) 음치 4) 훈민정음 5) 격음
3. 1) 경고음 2) 녹음 3) 음치 4) 잡음
4. 1) 청음, 탁음 2) 녹음 3) 모음, 자음 4) 격음, 경음 5) 굉음
5. 1) 축음기 2) 음치 3) 음표
6. 1) 소음 2) 굉음 3) 진동음

낱말밭

斷絶 단절 | 46쪽

1. 단절
2. 1) 단식, 단념 2) 결단, 단행 3) 거절, 절교
3. 1) 중단 2) 절망
4. ③

競爭 경쟁 | 47쪽

1. 경쟁
2. 1) 쟁탈, 쟁의 2) 경선, 경합 3) 항쟁, 쟁취
3. 1) 경매 2) 경연 3) 당쟁
4. ①

戰鬪 전투 | 52쪽

1. 전투
2. 1) 대전, 전쟁 2) 전선, 전란 3) 투쟁, 투병
3. 1) 전술 2) 해전 3) 도전 4) 결승전
4. ④

貧困 빈곤, 貧窮 빈궁 | 53쪽

1. 빈곤
2. 1) 빈약, 빈혈 2) 곤욕, 곤혹 3) 피곤, 곤란
3. 1) 노곤 2) 궁색 3) 추궁
4. ②

進退 진퇴 | 58쪽

1. 진퇴
2. 1) 퇴로, 퇴보 2) 퇴학, 퇴직 3) 전진, 진전
3. 1) 진로 2) 진행 3) 퇴장
4. ③

强弱 강약 | 59쪽

1. 강약
2. 1) 강자, 약자 2) 강화, 약화 3) 강제, 강요
3. 1) 빈약 2) 노약자 3) 약화
4. ④

난관 | 64쪽

1. 난관
2. 1) 관문 2) 갈등 3) 고무
3. 1) 관문 2) 기복 3) 등장
4. ⑤

망라 | 65쪽

1. 망라
2. 1) 무산, 무마 2) 파행, 봉기 3) 하자, 일축
3. 1) 망라 2) 출범 2) 분수령
4. ③

백면서생 | 70쪽

1. 백면서생
2. 1) 군계일학 2) 초미지급 3) 안하무인 4) 백척간두
3. 1) 오합지졸 2) 삼십육계 3) 오리무중
4. ①

명중 | 71쪽

1. 1) 접근 2) 양분
2. 1) 승차 2) 예습
3. 1) 나아가라 2) 인정 3) 돌면 4) 되지
4. ⑤

어휘 퍼즐 | 72쪽

	1)오	합	지	졸			6)강	대	7)국
	리				4)노	5)약	자		내
	2)무	산				세			산
3)명	중								
		10)부			15)백				
		동		14)단	면				
8)근	9)대	산	업		서				
	도				16)생	산			
	11)시	가	행	12)진			17)절	정	
				13)퇴	로		묘		

2장 씨글자

行 갈행 | 78~79쪽

1. 行
2. 1) 행렬 2) 행정 3) 행상 4) 행패 5) 평행선
3. 1) 발행 / 간행 2) 완행 3) 행실 / 품행 4) 유행 5) 진행
4. 1) 성행 2) 통행 3) 대행 4) 거행 5) 시행
5. 행
6. 비행

星 별성 | 84~85쪽

1. 星
2. 1) 항성 2) 토성 3) 유성 4) 위성 5) 혜성
3. 1) 유성 2) 화성 3) 혜성 4) 북극성 5) 거성
4. 1) 행성 2) 위성 3) 효성 4) 인공위성
5. 1) 혜성 2) 거성
6. 1) 혜성 2) 위성

選 뽑을 선 | 90~91쪽

1. 選
2. 1) 선수 2) 선곡 3) 선다형 4) 선거 5) 당선사례
3. 1) 선곡 2) 선수 3) 선구안 4) 사지선다 5) 당선
4. 1) 선곡 2) 선호도 3) 인선 4) 낙선
5. 선
6. 1) 선별기 2) 선구안 3) 초선 의원

手 손수 | 96~97쪽

1. 手
2. 1) 수갑 2) 수동식 3) 악수 4) 수순 5) 강수
3. 1) 수술 2) 훈수 3) 박수 4) 선수 5) 가수, 무용수
4. 1) 악수 2) 수첩 3) 속수무책 4) 실수
5. 수
6. 1) 악수 2) 박수 3) 세수

有 있을 유 | 102~103쪽

1. 有
2. 1) 유해 2) 유비무환 3) 함유 4) 소유욕 5) 영유권
3. 1) 유료 2) 유명 3) 유효 4) 유별 5) 유익
4. 1) 유형 2) 유식 3) 유명무실 4) 유해 5) 고유
5. 유
6. ①

名 이름 명 | 108~109쪽

1. 名
2. 1) 서명 2) 지명 3) 대화명 4) 명필
3. 1) 무명 2) 명의 3) 명물 4) 명필
4. 1) 구면 2) 예명 3) 본명 4) 호명
5. 명
6. 1) 동명이인 2) 명패 3) 유명

씨낱말

뼈마디, 등뼈 | 114쪽

1. 뼈
2. 1) 머리뼈, 갈비뼈 2) 손뼈, 팔뼈 3) 근육, 근력 4) 연골, 골격
3. 1) 등뼈 2) 두개골 3) 표정근 4) 근육

천왕성, 행성 | 115쪽

1. 성
2. 1) 혜성, 유성 2) 성단, 성운
3. 1) 행성 2) 소행성
4. 행성

민속, 풍속 | 120쪽

1. 민속
2. 1) 정월 초하루, 정월 대보름 2) 윷놀이, 쥐불놀이
3) 세시 풍속, 세배
3. 1) 설달그믐 2) 정월 대보름 3) 송편

공업, 산업 | 121쪽

1. 공업
2. 1) 제철 공업, 화학 공업 2) 공예, 가내 수공업
3. 1) 산업 폐수 2) 첨단 산업
4. 산업

불탑, 불상 | 126쪽

1. 1) 불상 2) 불탑
2. 1) 미륵사, 감은사 2) 불교, 불국사
3. 1) 불국사 2) 금동 미륵보살 반가 사유상 3) 부여 정림사지 5층 석탑

태조, 태종 | 127쪽

1. 1) 조 2) 종 3) 군
2. 1) 연산군, 광해군 2) 성종, 세종
3. 1) 종 2) 군
4. 세종

도형 | 132쪽

1. 도형
2. 1) 원뿔, 삼각뿔 2) 겨냥도, 전개도 3) 도형 덮기, 작도
3. 1) 기하학 2) 작도 3) 도형 돌리기 4) 도형 뒤집기

언어, 단어 | 133쪽

1. 1) 언어 2) 단어
2. 1) 외국어, 외래어 2) 어근, 어간
3. 1) 접두사 2) 사투리
4. 표준어

어휘 퍼즐 | 134쪽

1)어		3)풋			5)불	상			
2)미	륵	사	지	4)석	탑		9)비	언	어
		과		굴			행		
	11)북			6)암	행				
10)삼	두	근		석			17)평	행	18)선
	칠		7)얼	굴	8)빛				호
12)행	성				살				도
방				15)더					
불		14)인	공	위	16)성				
13)명	예				단				

종합 문제 | 135~139쪽

1. ⑤ 2. ④ 3. ③ 4. ① 5. ② 6. ③ 7. ② 8. ④ 9. ③ 10. ③
11. ① 12. ② 13. ③ 14. ② 15. ④ 16. ③

문해력 문제 | 140~141쪽

1. 돌잔치 2. 글쓴이는 사촌 동생 돌잔치에 가서 돌잡이를 구경했다.
3. ② 4. ④

1. 훈민정음 2. 훈민정음은 세종 대왕이 창제한 우리 고유의 문자이다.
3. ① 4. ③

집필위원

정춘수 권민희 송선경 이정희 신상희 황신영 황인찬 안바라
손지숙 김의경 황시원 송지혜 황현정 서예나 박선아 강지연
강유진 김보경 김보배 김윤철 김은선 김은행 김태연 김효정
박 경 박선경 박유상 박혜진 신상원 유리나 유징은 윤선희
이경란 이경수 이소영 이수미 이여신 이원진 이현정 이효진
정지윤 정진석 조고은 조희숙 최소영 최예정 최인수 한수정
홍유성 황윤정 황정안 황혜영 신호승

문해력 잡는 초등 어휘력 B-5 단계

글 손지숙 송지혜 송선경 이정희
그림 박종호 쌈팍
기획 개발 정춘수

1판 1쇄 인쇄 2025년 1월 16일
1판 1쇄 발행 2025년 1월 31일

펴낸이 김영곤 **펴낸곳** ㈜북이십일 아울북
프로젝트2팀 김은영 권정화 김지수 이은영 우경진 오지애 최윤아
아동마케팅팀 명인수 손용우 양슬기 이주은 최유성
영업팀 변유경 한충희 장철용 강경남 김도연 황성진
표지디자인 박지영 임민지

출판등록 2000년 5월 6일 제406-2003-061호
주소 (우 10881) 경기도 파주시 문발동 회동길 201
연락처 031-955-2100(대표) 031-955-2122(팩스)
홈페이지 www.book21.com

ISBN 979-11-7357-050-6
ISBN 979-11-7357-036-0 (세트)

- 제조자명 : (주)북이십일
- 주소 : 경기도 파주시 회동길 201(문발동)
- 전화번호 : 031-955-2100
- 제조연월 : 2025. 01. 31.
- 제조국명 : 대한민국
- 사용연령 : 3세 이상 어린이 제품